文苑奇葩

历史文人那些事儿

刘琛琛／著

中国言实出版社

图书在版编目（CIP）数据

文苑奇葩：历史文人那些事儿 / 刘琛琛著．—北京：中国言实
出版社，2014.8

ISBN 978-7-5171-0682-1

Ⅰ．①文… Ⅱ．①刘… Ⅲ．①文人－生平事迹－中国
Ⅳ．① K825.4

中国版本图书馆 CIP 数据核字（2014）第 201404 号

责任编辑：陈昌财

出版发行 中国言实出版社
　　　　　地　　址：北京市朝阳区北苑路 180 号加利大厦 5 号楼 105 室
　　　　　邮　　编：100101
　　　　　编辑部：北京市西城区百万庄路甲 16 号五层
　　　　　邮　　编：100037
　　　　　电　　话：64924853（总编室）　　64924716（发行部）
　　　　　网　　址：www.zgyscbs.cn
　　　　　E-mail：zgyscbs@263.com
经　　销 新华书店
印　　刷 北京市玖仁伟业印刷有限公司
版　　次 2014 年 11 月第 1 版　　2014 年 11 月第 1 次印刷
规　　格 880 毫米×1230 毫米　1/32　　印张 7.75
字　　数 124 千字
定　　价 30.00 元　　　　　ISBN 978-7-5171-0682-1

序
好剑也走偏锋

刘正权

在世俗人眼里，他们是怀才不遇的形象代言人，不过他们却并非默默无闻。历朝历代，顽主可谓层出不穷，上至帝王将相，下至平民百姓，均有佼佼者脱颖而出，甚至在某一领域大放异彩，成为大师级人物。

诸如奉旨填词的柳永，推敲而成诗囚的贾岛，宁短寿不短诗的李贺，癫狂拜石的米芾，天子呼来不上船的诗仙李白，创出书法瘦金体的徽宗赵佶，咏叹往事只堪哀的南唐后主李煜，哪一个不是艺术界的奇葩，哪一个又不是百花园的奇珍。

顽主最重要的是把玩儿当成正经事，玩出思想，玩出境界，玩出光芒万丈，玩得彻彻底底，玩得兢兢业业，玩得风风光光。说到底，这是一种顽强的精神状态和一种顽

固的生存状态。

只是很多时候，顽主们的所作所被为社会大环境所不相容，与身份地位大相径庭而惹人非议。但是，换一个角度来思考，我们又有什么理由指责上天在没有选择的情况下赋予他们这样的执着呢？我们更应该清醒地看到他们在某一个领域做出的贡献，或者成绩。

有句话说得好，我们可以选择放弃，但我们绝不可以放弃选择。

感谢这些顽主，教会我们如何选择。

毋庸置疑，这是一本另类励志书。

这本书要告诉我们这样一个道理，一个人的成功不可复制，但一个人的努力可以借鉴。

众所周知，我们生活在一个竞争激烈的年代，很多人活着，却不知道自己想要什么，该干什么。作者在历史长河里打捞出这些顽主，在解密他们的思想行为的同时，也诠释了自己对人生理想的一个新的认知，最后告诉我们一个大白于天下的道理，当很多人把理想喂了狗时，这些顽主却为理想把自己喂了狗。是的，至今我们仍然不难看见，很多人依然肆无忌惮地把狗血喷在这些人的身上。

为这些顽主拨乱反正，为他们的所作所为平反昭雪，是这本书最大的亮点，也是这本书最大的看点。

作为一本另类的励志书，它传递着一个不容忽视的信息，大将可走小路，好剑也走偏锋。

古训再一次昭告我们，失之桑榆就可能收之东隅，只要你肯付出足够的努力，只要你肯不走寻常路，你也可以创造人生的精彩。

目 录

史家存绝唱　司马独无韵 / 001

【百科名片】司马迁（前145或前135—约前87），字子长，西汉夏阳（今陕西韩城，一说山西河津）人，中国古代伟大的史学家、思想家、文学家，被后人尊称为"史圣"。他最大的贡献是创作了中国第一部纪传体通史《史记》（原名《太史公书》），对后世影响巨大。

奉旨填词柳三变　一代词人被成就 / 017

【百科名片】柳永（约987—约1053），北宋词人，婉约派创始人。原名三变，字景庄。后改名永，字耆卿。排行第七，又称柳七。作为北宋第一个专力作词的词人，他不仅开拓了词的题材内容，而且制作了大量的慢词，发展了铺叙手法，促进了词的通俗化、口语化，在词史上产生了较大影响。

目
录

广陵散绝千秋 竹林七贤领袖 / 095

【百科名片】嵇康（224—263，一说223—262），字叔夜，汉族，谯郡铚县（今安徽宿州西南）人。嵇康在正始末年与阮籍等竹林名士共倡玄学新风，主张"越名教而任自然"、"审贵贱而通物情"（《释私论》），成为"竹林七贤"的精神领袖之一。嵇康是著名的琴艺家和哲学家，他精通音律，"广陵散绝"体现的是嵇康作为伟大音乐家的悲剧。

推敲二字传千年 何惜囚身人世间 / 119

【百科名片】贾岛（779—843），唐代诗人。汉族。字浪（阆）仙。唐朝河北道幽州范阳县（今河北省涿州市）人。早年出家为僧，号无本。自号"碣石山人"。受教于韩愈，并还俗参加科举，但累举不中第。唐文宗的时候被排挤，贬做长江主簿。唐武宗会昌初年由普州司仓参军改任司户，未任病逝。

一饭之德必偿 睚眦之怨必报 / 137

【百科名片】范雎（？—前255），也叫范且（这是汉代石刻中的错误）《史记》中是"雎 ju"字，有书为"睢 sui"字，评书家多读此音，字叔。战国时魏人，著名政治家、军事谋略家。他同商鞅、张仪、李斯先后任秦国丞相，对秦的强大和统一天下起了重大作用。

文苑奇葩：历史文人那些事儿

明朝第一枝指生 不拘小节狂草成 / 217

【百科名片】祝允明（1460—1527），字希哲，号枝山，因右手有六指，自号“枝指生”，又署枝山老樵、枝指山人等。汉族，长洲（今江苏苏州）人。他家学渊源，能诗文，工书法，特别是其狂草颇受世人赞誉，流传有唐伯虎的画，祝枝山的字之说。并与唐寅、文徵明、徐祯卿齐名，被称为吴中四才子之一。

史家存绝唱　司马独无韵

【百科名片】司马迁（前145或前135—约前87），字子长，西汉夏阳（今陕西韩城，一说山西河津）人，中国古代伟大的史学家、思想家、文学家，被后人尊称为"史圣"。他最大的贡献是创作了中国第一部纪传体通史《史记》（原名《太史公书》），对后世影响巨大。

（一）

空气中湿漉漉的，似乎带着一种咸湿的味道，让人心里发冷发潮。

司马迁恍恍惚惚中，仿佛又听到了脚镣拖动在地上的碰撞声、鞭子抽打在裸露肌肤上的摩擦声、酷吏的呵斥声、

自己的头不停磕在地上的沉闷声……他的四肢好像遭到了传说中的鬼压身，一分都动弹不得；他的喉头如同塞满了棉花，一丝声音也发不出；他的心脏里塞满了像乱麻一样的恐怖、羞耻、紧张……他正赤身裸体地被绑在蚕室里；感觉到有人往他身体上淋了凉水；被人像牲口一样冷漠地摆弄着生殖器……倏忽间，寒风掠过，手起刀落。

一阵剧痛疼彻心扉，司马迁猛地夹紧了双腿，睁开了双眼，崩直了身体。

眼前一片黑暗。

房屋里的黑暗空气渐渐吞没了司马迁的喘气声，司马迁惊觉后背的衣衫已被冷汗浸湿了，凉津津的头发一缕缕地贴在头皮上。司马迁抱着最后一线希望用颤微微的手往裆下探去，不出所料，他探到的是——一片虚无。

像被梦魇了一般，任司马迁怎么张大着嘴，都发不出一丝呐喊。

这不只是个恶梦那么简单，这是血淋淋的事实啊，残酷的事实。

因为李陵事件的牵连，司马迁遭受了宫刑。他成了一个令祖宗蒙羞、令世人耻笑的阉人。

阉人司马迁躺在床榻上，陷入不可自拔的伤痛中。

对于无端遭遇到这种惨绝人寰的暴力事件的司马迁，该用怎样的语言才能够安慰他呢？

貌似没有可供安慰的语言。

如果有人死了，你可以为他烧柱香，寄希望于下一生说，十八年后你又是一条好汉。

如果有人折胳膊了，你可以为他宽心，没关系，这不还有腿吗？

如果有人失去了工作，你还可以鼓励他，不要紧，此处不留爷，自有留爷处。

可是对于失去了生殖器而苟活于世的司马迁，你能对他说，没事儿，命根子断了，还会再长的吗？

又不是壁虎尾巴，蚯蚓身体，有再生功能。

司马迁的命根子没了，司马家族也从此因他失去了血脉。

古训说得再明白不过，不孝有三，无后为大啊，司马迁注定是无后的了。

被断子绝孙的司马迁若能料到有今天，他绝不会只生下了一个女儿。他一定会生一个足球队的儿子，来继承他未尽的事业。

他如何会想到，他司马迁会有现在的下场呢？司马迁，

一个木讷耿直的知识份子，一直兢兢业业地为他的领导汉武帝当秘书，勤勤肯肯地记载着汉武帝的一言一行，尽量做到多动笔少说话。怎么会，就因为偶尔说了几句大实话，便被汉武帝将他的命根子连根拔去呢。

司马迁痛苦的手紧攒着，他就像天空中一只断线的风筝，一头猛栽下来，再也抓不到自己的根源。

（二）

原来人背时了，不止是喝口凉茶塞个牙缝这么简单。

司马迁不敢回忆，那段令他祸起萧墙的李陵事件。一旦他不小心碰触了记忆的雷区，连肠子里的蛔虫都要恐惧得像黄河一样九曲十八弯般回转盘旋。

若干年后，当在痛苦中九死一生的司马迁坚持写就《史记》，在他与好友任少卿的书信中，才心有余悸地披露了这段阉割内幕的始末。而那时，离李陵事件已经很久了，久得若司马迁当年没被阉割的话，司马家的子孙们早就会排着队打酱油了。

可经过了如此漫长的岁月沉淀，当司马迁提着笔，艰难地向任少卿叙述着这段往事时，写出的每一个字，仍在颤抖着流泪啼血：

少卿足下：

……受过宫刑的人，不能同正常人相提并论……我现在形体已经残缺，当了一名打扫台阶的差役，身处下贱之辈的行列……唉。唉。象我这样的人，还说什么呢？还说什么呢？

…………

我与李陵，同在侍中曹任职，素来不是好朋友。彼此的好恶不同，所以未曾在一起喝酒，尽情地欢乐。然而，我观察李陵的为人，的确是一个奇士，他孝顺父母，诚实守信，廉洁奉公……常奋不顾身地去排解国家的急难。他这些长期养成的好品德，我以为有国士的风貌。

李陵宁肯万死而不求一生，奔赴国家的危难之地，去攻打匈奴，这已经很难得了。而现在，他一打了败仗，那些只顾着保全自己的大臣紧跟着就夸大他的短处，我私下实在感到痛心。

况且李陵带领的步兵不足五千人，就敢深入敌方阵营，到达匈奴王驻地。在虎口垂饵诱敌，气势凌厉地向强悍的匈奴挑战。向群山之间的匈奴大军发起进攻。他们与匈奴

史家之绝唱
司马独无韵

王接连战斗了十多天，杀伤敌兵远远超过了自己将士的人数，以致敌寇救死扶伤都来不及。匈奴的君主、长官们都感到震惊和恐怖，于是全数调集了左、右贤王的军队，征发善长弓箭的百姓，一起进攻和围困李陵。李陵转战数千里，箭矢用尽，兵退绝境，而援军迟迟不至，死伤的士卒堆积遍地……但只要李陵振臂一呼鼓舞士兵，士兵没有谁不强撑起身体，流着眼泪，以血洗脸，以泪解渴，拉开没有箭的空弓，冒着寒光闪闪的锋刃，争着向北拼死杀敌。

——当我读到这段有关李陵亮剑的历史时，我便被司马迁逼真的文字带到了残酷的匈奴战场。这一队勇敢的士兵，让我想起了董存瑞，想起了黄继光，想起了李云龙。我在内心里制造出了无数英雄的勋章，金光闪闪地洒向李陵和他的士兵们。然而，当我接着读了司马迁下面阐述的文字，心里的英雄勋章一下子变成了六月的冰雹，稀里哗啦地在心口上，那是拔凉拔凉的啊。

司马迁在信中描述：当李陵的军队还没有遭受覆没时，有信使来向朝廷报捷，朝中的公卿王侯便纷纷向皇上祝贺胜利，大赞李陵的英勇。然而几天后，李陵兵败的消息传来，整个朝廷马上变成了川剧戏台，群臣集体表演了一场变脸秀。众人倒戈痛斥李陵的失职。唉，英雄李陵此时又在我的心中被六月的冰雹凝固成了一座冰墙。

墙倒众人推啊。

此时，却还有一个人没有从众参与推墙，此人就是傻乎乎的司马迁。

（三）

当群臣在汉武帝跟前跳梁时，司马迁的心里却另有着一番想法，千万别以为这些是我小编杜撰的，有司马迁致朋友的书信为证：

我却以为李陵虽因兵败而身陷匈奴，但看他的用意，是想要寻找一个适当的机会，来反扑匈奴报效汉朝。兵败的事已经无可奈何，可他曾击败强敌，功劳也足以颁布天下了。我心里想陈述给皇上听，但却没有机会。正逢皇上召见，我就用这些话来推崇李陵的功劳，想以此来舒解皇上的胸怀，堵塞那些怨恨李陵的言辞。

然而我没能彻底表达清楚，以致皇上反以为我是有意为李陵说好话，于是就把我交司法官审判。

耿耿忠心，终于无法自我表白。——因此而指责我欺

史家之绝唱 司马独无韵

蒙皇上。

……皇上终于听从了狱吏的判决。我家境贫困，钱财不足以为自己赎罪，朋友无力救援，皇上的左右亲信也不曾为我说一句求情的话……

我不是木块、石头，却偏让我同执法的酷吏一起相处。我被关押在重重监狱里，心中的痛苦可以向谁诉说。……手足交叉，戴着木枷、绳索，肌肉、皮肤暴露在外，遭受竹鞭和棍棒的抽打……见到狱吏就叩头触地，见到狱卒就战战兢兢不敢喘息……

我因为多说了几句话遭到了这次灾祸，深深地被故乡人耻笑，侮辱了祖先，从此我再也没有颜面给父母亲上坟。即使百代之后，这种侮辱也只会加重。我天天痛苦之极，在家则恍恍惚惚、若有所失，出门则不知要到哪里去。每当我想起那种耻辱，冷汗就从背上渗出、浸湿了衣衫……

司马迁在信中，栩栩如生地向世人披露了这段阉割事件的始末，使读信的人尤如身临其境。唉，这可真是件人间惨剧啊。司马迁用血的经验教育我们：脱离群众有危险，与领导谈话需谨慎。

（四）

出狱后的司马迁整日以泪洗面，他已不再是当年的那个意气风发的司马迁。他的身高仍是堂堂七尺的男儿之躯，他的精神却已萎缩到了尘埃下的三尺。

皇上汉武帝不仅阉割了司马迁的命根，更活剐了他的自信、腰斩了他的尊严、凌迟了他的人格、撕碎了他的精神。

司马迁比弱势群体更弱势，他有冤哭不出。

他不能去找汉武帝打官司。不能到长安去上访，更没胆找汉武帝私了。

他只是个老实木讷、不苟言词的知识份子啊，别奢望他以暴制暴了。设若司马迁行事冲动的话，那么在中国的历史上将增添一位与荆轲齐名的武夫——刺客司马迁。他们行刺的，可都是盛极一时的皇帝啊。

屈辱，就是明知道你的敌人就在你的面前耀武扬威，你却无能为力，而且还要谢恩领受。

司马迁既然不能对汉武帝以牙还牙，只好打落了牙齿和着血，将所有的痛苦和耻辱腐烂在了肚子里。万般无奈

史家存绝唱
司马独无韵

的司马迁痛苦之时便以头碰壁，直撞得墙壁上留下了斑驳的血迹。

悲情啊。假如碰到这样的悲惨遭遇、而导致严重自残行为的心理病人，可能连现代最高级的心理医师也束手无策。

肉体上残疾、精神上涉死的司马迁恍惚中仿佛看到了临死前的老父亲。

父亲的眼睛已经看不见了，他的眼眶中流淌着浑浊的泪水。病中的老父亲拉着青年司马迁的手，说，我死了以后，你一定要接着做太史，千万不要忘记我一生都想写出一部通史的愿望。你一定要继承我的事业，不要忘记啊……

写一部通史，这是父亲留给司马迁的遗愿。如今，父亲的遗愿还没有完成，儿子的身体却残废了，成了令人耻笑的阉人，从此断子绝孙。

这让司马家的列祖列宗蒙羞。让死去的父亲不能瞑目。让司马迁连想自杀而死，去阴间见老父亲的勇气都没有。

他实在无颜面对父亲于泥土下无处不在的期待啊。

司马迁的手指上，似乎还残留着老父亲交待遗愿时，紧握住他一双手时的力度；父亲眼眶中浑浊的泪水，已通过司马迁的眼睛流淌在他的心间。

那泪水，是那奔腾不止的黄河、更是那豪迈宽阔的长江。

（五）

黄河的源头在哪里？长江的尽头在何方？历史的根源在何处彷徨？

这是年轻时候的司马迁背着包裹，坐在黄河边上经常思索的问题。

父亲为司马迁准备足了盘缠，告诉他好男儿志在四方。二十岁的司马迁风华正茂，他已读破了万卷书，决意去踏遍万里路。

旅途中的司马迁大步流星，江山是如此美好，大地如此多娇。

司马迁徒步到了汨罗江畔，这是伟大的爱国诗人屈原投江自尽的地方。屈原一生颠沛流离，一腔热血却遭遇放逐。司马迁伫立在江边，大声朗诵着屈原在逆境时咏下的《离骚》：路漫漫其修远兮，吾将上下而求索……长太息以掩涕兮，哀民生之多艰……亦余心之所善兮，虽九死其

犹未悔。司马迁在汨罗江畔边徘徊，感受屈原的坚毅，痛斥楚王的糊涂。

司马迁又渡过长江，跋涉来到了淮阴，这里曾是开国功臣韩信的故乡。司马迁缠着乡间的百姓不断追问，七尺的男儿韩信真的钻过市井泼皮的裤裆吗？他真的穷得衣不敝地、沿街讨饭吗？世人的侮辱哄笑声他真的能置若罔闻吗？司马迁在奇人韩信的故地一步三叹，叹这英雄的胸襟，悲这奇人的境遇。

感性的司马迁，此时是一位深入民间、走遍基层体验生活的好记者。

载着历史记录的笔不停地随着旅途舞动，似司马迁心中无限的澎湃激情。越王勾践卧薪尝胆反败为胜、文王姬昌被幽禁撰写《周易》、左丘眼睛失明写《国语》、韩非被囚秦国写《孤愤》、孙膑被挖膝盖写《兵法》……司马迁写下这一个一个的故事，司马迁的血液已和这些英雄文人们亲近并溶解其中，他理解他们、尊敬他们、爱戴他们。

司马迁的理想如骏马一样在大地上奔腾，记下这些人物吧。写《史记》。这不仅是父亲的遗愿，也是自己的理想。

我在这里，真想为当年在路上风尘仆仆、意气风发的司马迁激情澎湃地插播歌曲一首：长大后，我就成了你。

（六）

然而，激情卡带了。

如骏马一般不可羁绊的司马迁，活到四十七岁时却被皇上汉武帝阉了。

俗话说，马失前蹄。这匹忧伤的马失的却并不止是前蹄，这还真是让人无语。

司马迁却在沉默中渐渐复活了。

如同冬眠的蛇被惊蛰一声雷惊醒，慢慢苏醒过来。

宫刑，于司马迁来说，不啻于惊蛰那一声惊雷啊。

他想起了父亲的寄望，他想起了屈原、韩信、勾践、孙膑……想起了流淌在血液里奔腾不息的理想。他，仍在路上。

这些人能忍辱负重立成大业，我司马迁为什么不可以。

天将降大任于斯人也，必先苦其心志，劳其筋骨，饿其体肤，空乏其身，行拂乱其所为，所以动心忍性，曾益其所不能。

命根子不能再长，理想却可以复活。

汉武帝残暴阉割了司马迁的身体和尊严，却阉割不了文人的骨气和理想。

司马迁再次拿起了手中的笔。

笔成了他的武器。

他开始没日没夜的摘录资料，整理笔记。他从此的生活目标只剩下了一个，吃饭，睡觉，写作。

只有不停的忙碌，他才能暂时忘却身体上的残缺。

只有沉浸在这些历史当中，他才有勇气激起内心的爱憎。

司马迁不再跟汉武帝明着对抗了，他选择了迂回，因为曲径是可以通幽的。

太史公司马迁愈发地沉默寡言，他像一只壁虎，牢牢地顺着汉武帝的血脉，追溯到了华夏三千年前，追溯到了中华民族的始祖——轩辕黄帝。

（七）

汉武帝死了，但他的种种言行被司马迁记下来了，并且还直言不讳地记下了汉武帝的祖宗刘邦——他做皇帝之前其实是个流氓。

你可以让我断子绝孙，但我也能够在《史记》上将你祖宗打回原形。

汉武帝在身体上阉割了司马迁的一个器官，司马迁却在历史上揭露了大汉皇室所有的阴暗面，并和盘端出。

在这里，我忍不住一声长叹：文化人，真的是惹不起啊。

世界偌大无边，司马迁的屈辱和血脉已被消失在这虚无中，然而，无根的司马迁，忍住内心的耻辱、身体的残疾，坚持完成了自己的理想，为中华民族留下了一份宝贵的历史经典——《史记》。

从此，中华民族找到了自己的源头。

司马迁有个习惯，他在每个历史故事背后，都要注上"太史公曰"，这已属于司马迁独创的写作方法，别人记历史只讲事，司马迁除了讲事，还要挑明自己的想法。

既然汉武帝不准他当面讲，他就在《史记》上讲。

讲着历史的不公，讲着帝王的昏庸。

一个人，要有自己的立场，不可以不坚定。要有自己的观点，不可以不鲜明。要有自己的声音，不可以不响亮。

司马迁在《史记》中花了大量的篇幅写汉武帝如何

在各地封禅想当神仙，但只花了区区六十个字来介绍汉武帝的功绩。

对汉武帝的功绩，太史公司马迁不想说。

沉默，也能成为一种反抗。

司马迁还有一句名言：人固有一死，或重于泰山，或轻于鸿毛，用之所趋异也。

在这篇文章的背后，容我也来学一次"太史公曰"所趋异吧。——太史公司马迁一生，虽然没有留下给后人韵律，却在史家存下了千古绝唱。

奉旨填词柳三变　一代词人被成就

【百科名片】柳永（约987—约1053），北宋词人，婉约派创始人。原名三变，字景庄。后改名永，字耆卿。排行第七，又称柳七。作为北宋第一个专力作词的词人，他不仅开拓了词的题材内容，而且制作了大量的慢词，发展了铺叙手法，促进了词的通俗化、口语化，在词史上产生了较大影响。

（一）

什么叫"才情"？在走近柳永之前，我一厢情愿地以为"才情"的风貌只能由林黛玉这样掂着落花、拭着香泪、吟着仙诗的美人儿才能演绎。但自从知道了柳永，我才明

白，原来一个男人也可以将"才情"演绎得如同黛玉葬下的花魂，那样地缠绵、那样地婉转、那样地悲情。

若单说一个"才"字，柳永的名次并不能排在中国文人才华风云榜的第一位。如今国家广电总局对广告词有限令，禁止出现"最强"、"最好"、"第一"等夸张字眼，我在这里用文字向广电总局的限令表示无比尊重并严格执行。

若单说一个"情"字，柳永的情怀更不能在人群中脱颖而出。有情的比有才的多了去。就单说我们身边吧，痴情的、多情的、滥情的、专情的人……比比皆是，要是条件允许能用 X 光透视一下，你可能还会发现，嗨嗨，我都不好意思点名了，还有偷情的。

但是，如果比起"才"与"情"的综合实力，柳永无疑是中国诗词人气排行榜上的一颗闪耀明星。

柳永的人气值有究竟有多火爆呢？仅从北宋流传的一句诗词里就能窥知一二——凡有井水饮处，皆能歌柳词。

乖乖不得了啊，大白话翻译一下听听，凡是有人间烟火的地方，都有人会唱柳永的歌词。

柳永的粉丝群，前无古人后无来者是肯定的。而且还薪火相传层出不穷。

真有这么大的魅力么？口说无凭，诗词里面见分晓啊。

有句话说，见文如见其人。从柳永写的《鹤冲天》一词中，我们似乎可以看到风流倜傥、洒脱不羁的刘德华。

黄金榜上，偶失龙头望。明代暂遗贤，如何向？未遂风云便，争不恣狂荡。何须论得丧，才子词人，自是白衣卿相。

烟花巷陌，依约丹青屏障。幸有意中人，堪寻访。且恁偎红翠，风流事，平生畅。青春都一饷。忍把浮名，换了浅斟低唱。

好一个"忍把浮名，换了浅斟低唱"的白衣卿相。单凭这首词里的意境，作者柳永成为无数少女的梦中情人当之无愧。

再看柳永的另一首词牌代表作《雨霖铃》，我们仿佛又看到了忧郁多情、风华绝代的张国荣。

寒蝉凄切。对长亭晚，骤雨初歇。都门帐饮无绪，留恋处兰舟催发。执手相看泪眼，竟无语凝噎。念去去千里烟波，暮霭沉沉楚天阔。

多情自古伤离别，更那堪冷落清秋节。今宵酒醒何处？杨柳岸晓风残月。此去经年，应是良辰好景虚设。便纵有千种风情，更与何人说。

浪漫而多情的才子词人柳永，俨然成了北宋女子心目中一个挥之不去的传说。

传说到什么程度呢？且看北宋若干女粉丝挥着锦帕或抹布集体喊出的口号："不愿穿绫罗，愿依柳七哥；不愿君王召，愿得柳七叫；不愿千黄金，愿中柳七心；不愿神仙见，愿识柳七面。"

问：北宋男人最大的悲哀是什么？

答：跟柳七哥哥出生在同一时代。

柳永在家排行老七，他成了无数北宋女子梦中的柳七哥。

什么绫罗，什么君王，什么黄金，什么神仙，在柳七哥的魅力面前统统化成了浮云。

然而，现实中的柳七哥真的像他写出的诗词意境那样，脱俗又多情吗？

原谅我的阴暗心理，我突然想起一句流行的话来——看上去很美。

穿越尘封千年的历史，我仿佛看到一位洒脱多情的白衣卿相，在千里烟波的雾霭中轻轻地甩了甩额前的留海，一脸忧郁地对我说：不要迷恋哥，哥只是传说。

（二）

传说，柳永以前的名字并不叫柳永，叫柳三变。

柳三变活了若干年后，突然醒悟到自己的命运之所以一波三折、功名屡考不中、前途坎坎坷坷全都是因为"柳三变"这名字带来的晦气，于是给自己改了个名字叫柳永。

肉眼凡胎的柳三变毕竟不是石头缝里炸出来的孙悟空，三变都不愿接受，更别提七十二变了。凡人如果能承受住生命里的七十二变，那离立地成佛估计也是零距离了。

如此看来，尽管柳永是个饱读过诗书的文人，仍然还是像乡野村夫一样迷信。他相信姓名很重要，相信好名字可以改变命运。

一句话，不识字的人容易被人忽悠，识字的人容易被佛忽悠。

缘份啦。自从我翻过《周易》后，或多或少也有点迷信。

通过偶像词人柳永换姓名改运道这个与常人无异的迷信行为，让我一下子从云山雾罩的诗词中走近了他，原来，柳永曾是个有血有肉的柳三变。两个字，真实。

诗词中，淡定脱俗的柳永在烟花巷陌中恁偎红翠，潇洒地说，忍把浮名，换了浅斟低唱。

生活中，失落怅然的柳三变在烟花巷陌中借酒消愁，自嘲地说，忍把浮名，换了浅斟低唱。

隔着想象的丰满，往往看不到生活的骨感。

情绪看上去很饱满的柳三变内心里真诚地觉得不好意思，他在众人面前不止一次地夸下海口，把胸脯拍得嗡嗡作响，说他一定会高中状元，甚而至于，还自信地写下了《长寿词》：

对天颜咫尺，定然魁甲登高第。待恁时，等著回来贺喜。好生地，剩与我儿利市。

柳三变对自己很有信心，以自己的出众才华，定然魁甲登高第，你们就等着我回来，准备包个红包凑份子向我贺喜吧。

没想到夸下海口的柳三变名落孙山了，还名落了两次。

第一次名落，是郁闷，第二次名落，就是耻辱了。

就像阅人无数的情圣当着众人不屑地打赌说，信不信我轻轻松松地就能泡上那个小妞。结果，被人家小妞呸了情圣一脸唾沫。

名落孙山，让才华出众的柳三变情以何堪。柳三变的"才情"第一次侧漏了。

丢失的颜面要捡回来，失落的柳三变深呼吸三下，调整为柳永式的淡定笑容，富贵岂由人，时会高志须酬。

柳三变认为这两次落榜，纯属偶然，是朝廷的失误，是考官的失职。是金子总有闪光的一天。柳三变坚信。

戴着面具的柳永出现了。

一面，踌躇满志的柳三变准备迎接第三次的复考；另一面，淡泊名利的柳永在烟花巷陌中搂着莺莺燕燕，给虫虫、师师、英英、秀香、瑶卿写情词。

看来，心口不一、言行矛盾的人儿从古到今都不曾绝迹。

记得读小学的时候，老师让同学们写《我的理想》。有个同学写他想当个司机，老师很善良，出于司机这个职业太有风险的安全考虑，把同学的这个理想鄙视了。

于是我写长大后要当科学家，因为科学家这个理想不会被鄙视。

后来我口头上的理想就变成了科学家，但在我心里，其实一直藏着一个真实的理想，这个理想就是，我要当天下第一大美女。

只要坚持，理想就会实现。终于，我的理想实现了，实现在这个只要是女人都被叫成美女的年代。

甚至，我还用不着脸红，我要红，全国美女也一片红。

柳三变也是个矛盾的人。

他口头上的理想是当个浪子，内心的理想是走上仕途。学而优则仕，自古以来这一直是文人们被推崇普及的崇高理想，文人柳三变一定也被这个崇高的理想洗了脑。

如果柳三变能活到现在，他一定也会像我一样轻易地实现自己理想的，实现在这个把打领带的同志都叫成经理的年代。

生不逢时啊。柳三变生活在北宋，我忍不住为柳三变一掬同情之泪。

（三）

北宋的人们从柳三变的言行和诗词里，读出了他是个淡泊名利的多情浪子。但人们都忽视了柳三变的阿Q精神。

落榜后的柳三变自嘲着说，没什么大不了的，至少在烟花巷里还有意中人在等我，我可以找她浅斟低唱。

精神胜利法有时候必不可少。它是调解生活中不良情绪的一剂良药。

柳三变的精神胜利法就是到烟花之地喝喝酒、谈谈情、侃侃诗词；我也有个精神胜利法哟，我不得志的排解方法是逛逛街、消消费、敷敷面膜，只为在这途中听到服务员多叫我几声美女，浑身舒坦啊。

柳三变将皇榜上的憋屈消散成在烟花巷中的情诗，其实有一首是给最爱的虫虫的：

须知最有，风前月下，心事始终难得。但愿我虫虫心下，把人看待，长似初相识。况渐逢春色，便是有举场消息。待这回，好好怜伊，更不轻离拆。

渐逢春色的时候，我柳三变就能得到举场的消息了。待这回的日子好了，我一定好好好的珍惜虫虫，不轻易别离。

温柔乡中的柳三变还在孜孜不倦地等待来自考场的好消息。

得到落有偶像签名情诗的女子们都欣喜若狂，须知，女人是最善于传播小道消息的，柳三变的诗词自然而然地传得炙手可热。

柳三变的名字在上流社会的皇榜上受到了忽视，却在最底层的烟花巷中得到了追捧。

柳三变就是女子们的梦中情人、蓝颜知己、闺中蜜友。

有哪个词人能将女子的心思写得那样贴心、那样甜蜜、那样忧伤呢？

有哪个词人能深入到烟花巷中来，倾听一下底层妓女的心思和情感呢？

柳三变多情而又缠绵的诗词被乐籍中的妓女们谱上小曲，再通过她们娇艳欲滴的红唇传唱，唱啊唱，唱成了北宋底层人民口中的流行歌曲，唱成了北宋上流社会为之不屑的靡靡之音，终于传唱到了北宋最大的官——皇帝宋仁宗耳中。

神马 MP3，神马广告宣传，柳三变统统不需要。由柳七哥填词的作品，传播的速度比上了神马春晚的流行歌曲还广。

这样的人才皇帝宋仁宗岂会忽视？

不忽视是因为皇帝本人也是诗词爱好者啊，文人相轻的毛病，连天子也不能免俗，这应该或许可能是历史上最大的一宗文人相轻案例。

宋仁宗金口一开，便将柳三变打击得金花四溅——宋仁宗在已录取名单中，抽出了已是第三次参加科考的柳三变的名额——这个抽出，抽的绝对不是幸运奖。

面对柳三变这样的考生，皇帝宋仁宗漫不经心地说，且去浅斟低唱，何要浮名。

宋仁宗的批示，取自柳三变第二次落榜时所作的词，《鹤冲天》中的某一句：忍把浮名，换了浅斟低唱。

看来柳三变的这首《鹤冲天》传得太炙热，以至于早挑燃了宋仁宗的怒气：柳三变这货，居然敢蔑视功名，你等着。

柳三变居然栽在了他亲自创作的诗词里尚不自知。唉，我真心地替柳三变感到冤枉啊。原本《鹤冲天》这首词只是他自我的解嘲，失落的渲泻，挽救的颜面，没想到宋仁宋就一句话便彻底摧毁了柳三变的前途。

从此，柳三变的命运因北宋最高领导人的批示改变了方向。

我私以为，领导宋仁宗的批示里除了有对柳永蔑视功名的生气，还夹杂着羡慕嫉妒恨。

——我就不相信了，宋仁宗既然知道了柳永的《鹤冲天》，也无疑听到了柳永身后红粉兵团的口号：不愿君王召，愿得柳七叫。

纯粹的打击报复嘛，有木有？

（四）

宋仁宗的旨意传到了柳三变耳中，就像当年美国扔到日本广岛那颗原子弹，柳三变是身心俱损啊，回天无力了。

一句漫不经心的言语由宋仁宗高高在上地抛出，落下时却似急速的千钧陨石砸向了柳三变。

原理，参照物理学中的动量定律。

柳三变被突如其来的变化砸懵了。

他引以为傲的才情被人践踏在脚下，一次又一次地。

空气中似乎残留着柳三变身体里被原子弹炸毁后辐射出的愤怒、悲伤和失望。各种情绪的核辐射伴随着一声巨响的碎屑遗留在北宋大地上。

但柳三变是何许人？在市井平民眼中，他就是个风流多情才华四溢的知音人。

柳三变的阿Q精神渐渐复苏了，生活为他关闭了一扇门不假，同时为他打开了另一扇门。自我解嘲的他很有一套本事，决定把宋仁宗的嘲弄变成东风。也许宋仁宗扔过来的原子弹碎片，还可以捡起来当黄金招牌。

皇帝亲自扔的，那是什么概念。

借着东风的力量，柳三变在自己脸上贴上了金——奉旨填词柳三变。

他要把当官的理想戒了，从今天开始，面朝妓院、恣意游荡，争取当个填词状元。

行行出状元，不当朝廷的官也罢。自己可以挣个状元来玩玩。

柳三变收拾了心中的旧山河，决定重建属于自己的新天地。

怀才不遇的人往往会怨天尤人，一蹶不振。柳三变也怨，他首先怨的是自己名字，谁让自己叫了柳三变这个晦气的名字呢？

怨了之后是发奋，柳三变改名叫了柳永。

事情发展到这里，我终于明白了柳三变为什么一直都想当官，因为当官不但可以改变自己的命运，还可以改变别人的命运。

并且，当官改命绝对比换名改运更为灵验。

柳三变失去了当官的机会，退而求其次想通过改名字换换运气。嗯，柳永，比柳三变的名字好。

永，顾名思义——稳定，不动荡。

柳永开始流连在各处的烟花柳巷，柳永深切地爱惜着这些生活在社会最底层的莺莺燕燕，她们的千种风情有谁去欣赏呢？她们的无语凝噎有谁能读懂呢？

就像自己的才情，被上层的文人们无情的抛弃在这社会的谷底。

但柳永够顽固，若把他踩成了泥，他便变成泥沙画；若把他丢弃在风里，他便随风化成了振翅的蝴蝶。

（五）

怀才不遇的柳永将心中所有的愤怒和郁闷，都通过手中的笔抒发到了填词里。妓院的歌妓们大方赋予他的爱情，成了滋生才气与灵感的温床。

美女是一盏欲望的灯塔，对推动男人和社会进步起着无法估量的作用。

请看，柳永填的词牌《定风波》，就犹如一根根细长又柔韧的绵线，缠缠绵绵的绕进了人们的心里：

自春来，惨绿愁红，芳心是事可可。日上花梢，莺穿柳带，犹压香衾卧。暖酥消，腻云弹，终日厌厌倦梳裹。

恨薄情一去，音书无个。

早知恁么，悔当初，不把雕鞍锁。镇相随，莫抛躲。针线闲拈伴伊坐。和我。免使年少，光阴虚过。

再看，柳永填的词牌《玉蝴蝶》，更是数不尽词人在秋光悲凉中的孤独惆怅：

望处雨收云断，凭阑悄悄，目送秋光。晚景萧疏，堪动宋玉悲凉。水风轻，苹花渐老；月露冷，梧叶飘黄。遣情伤。故人何在？烟水茫茫。

难忘。文期酒会，几孤风月，屡变星霜。海阔山遥，未知何处是潇湘。念双燕，难凭远信；指暮天，空识归航。黯相望，断鸿声里，立尽斜阳。

柳永俨然成了一位优秀的妓院特聘职业填词人。

乐坊歌妓们争相向他约稿。

只要某歌妓一旦唱上了柳永填的词，就会成为新一代的永女郎，成为妓院的当红炸子鸡。

只要是由柳永填写的慢词，简直比上了春晚的流行歌曲红得还快。

柳永刷新了宋词的历史，增加了宋词的内存，更新了宋词的格式，发明了慢词长调。

这种流派被后人称做婉约派，柳词被苏轼誉为"柳七郎风格"。

柳词的风格铺叙刻画，情景交融，语言通俗，广泛运用民间俗言俚语，更易被普通老百姓接受，柳永的作品在市井歌坊间传唱一时。

柳永，他是宋词行业中的乔布斯。他将宋词进行了升级，将宋词导向了一个新的发展。

（六）

我有时候会突发奇想，如果当初宋仁宗没有阻断柳永的仕途之路，如今的我们还能看到这些婉转缠绵的柳词吗？

如果没有柳词，情窦初开的小伙子们为女孩写情诗该少了多少妙言佳句啊。

我有时候还异想天开，如果柳永能够上台领推动宋词贡献奖，他会有什么感悟呢？会不会带着揶揄的微笑说，感谢皇帝老儿的成全，感谢各文人的群攻，更要感谢的是各位妓女给我提供了保障生活的温床。但是皇帝，你什么时候才能给个官儿我做做？

柳永是个矛盾的人，即有坚持坦荡的雅情，又有攀龙附凤的俗气。即使他大半生都在妓院里风流快活，仍然摆不脱想要当官的心病——直到他五十三岁的时候，还在想方设法地实现想当官的理想。

柳永的一生都在怀才不遇的纠结中度过。他曾受皇帝冷落，所作的柳词爆红后又遭到了主流文坛的炮轰。今天某文人说柳词低俗不雅，明天某作家说柳词唧唧歪歪，后天某评论家说柳词儿女情长不大气……引发了文人间有关雅和俗的口水大战。

唯一不矛盾的是柳永的不甘心。他只是自嘲地向排挤他的人们做了一个华丽的转身，将错就错，把心思用在了完善宋词上，最终引领了宋词的新潮流。

柳永在仕途上虽然是个失败者，却在宋词的发展道路上刻下了里程碑，人们最终认可了柳永的成就。

柳永艰难跋涉的风流浪子形象亦成了历史中的传说。

传说中，柳永卒于襄阳，出殡之时，歌妓们念他的才学和情痴，半城缟素，一片哀声。

有才如此，有情若是，千年以来独有一个柳永。

奉旨填词柳三变
一代词人被成就

翻开中国历史，我们幸运地发现，北宋不缺乏一个皇帝钦点的新科状元，北宋缺的是柳永这样的一代词人，宋仁宗只是跟柳永开了一个不大不笑的玩笑，柳永却跟中华文化历史开了个不轻不重的先河，让宋词为中华文化增添了异彩，哪怕这个异彩是被成就的。

被成就，也是一种成就。被成就的异彩，也是异彩啊。

"乐游原上妓如云，尽上风流柳七坟。可笑纷纷缙绅辈，怜才不及众红裙。"这应该是对柳永最高的褒奖了，绝对比皇榜上的名字更让人艳羡，眼红。

宁屈乌纱不屈志　豪情谁比苏学士

【百科名片】　苏轼（1037—1101），北宋文学家、书画家。字子瞻，又字和仲，号东坡居士。汉族，眉州眉山（今属四川）人。与父苏洵，弟苏辙合称三苏。他在文学艺术方面堪称全才。散文与欧阳修并称欧苏；诗与黄庭坚并称苏黄；词与辛弃疾并称苏辛；书法与黄庭坚、米芾、蔡襄并称宋四家；诗文有《东坡七集》等，词有《东坡乐府》。

（一）

说来不怕大伙笑话，我启蒙时读的居然是《三字经》，这让身为 80 后的我一直羞于示人。

《三字经》，光听一听这名字，就老气横秋了。

可更为老气横秋的却是《三字经》里那句，"苏老泉，二十七，始发愤，读书籍。"二十七岁才发奋，竟然还成了名人，对我辈打击也实在太大，我们可是在娘肚子里就胎教上了啊。从能听懂说话起，我们就被不让孩子输在起跑线上这句话给葬送了童年。

这个苏老泉可不是别人，他就是苏轼的父亲苏洵。

苏洵青春期的爱好就是到处东游西荡、结朋交友。当他游手好闲到二十七岁的时候，也不知道误食了什么补药，脑子突然开窍了，知道读书的重要性了。于是，苏洵埋头苦读经史六年，发誓要把浪费的时间补回来，不读透文章绝不提笔为文。

浪子回头金不换，还真的确有其事。

苏洵的妻子程氏，婚姻运还真是好啊，能在大浪沙堆里淘到苏洵这块乌金，她的远见可真不是盖的。

有史为证——就在大儿子苏轼十几岁的时候，母亲程氏给他讲东汉时期范滂的故事——范滂是个正直的政治家，结果遭到小人诬陷，被判死刑。临死时范滂对母亲说，母亲啊，我对不起你，不能为您尽孝了。范滂的母亲说，你今天能与忠义之臣齐名，死有何恨。我支持你为了理想舍弃生命。

十来岁的苏轼听到这个故事后心跳加速，心率严重不齐，他激动地对程氏说，母亲。我长大后也要做范滂这样的人。您同意吗？

这话，要搁在如今很多人的眼里，有点二了。一个小孩子，才活出个茅草尖尖，怎么就想到了死？

更二的事发生了。

看看，少不经事的儿子问母亲，您同不同意我为了理想而舍弃自己的性命？但凡拥有常规母爱的母亲们都可能会说，你傻呀？世界上有那么多人，让别人去拚命呀。

母爱是自私的，这点我们谁也不能劈头盖脸指责不是？就像冬天有人掉进河里，自然有别人跳河去救呀。你去救了，别人说不定倒打一耙说是你推下河的，让你赔钱吃上个官司呢。

但程氏是个拥有着大爱的母亲，窃想她当时一定是红了眼眶，满脸欣慰地对儿子苏轼说，你如果能做范滂，我也能做范滂的母亲。

纵观天下，有多少这样荡气回肠的母亲。有多少这样忘私无我的大爱。有多少母亲能够坦然教导儿子，去吧。为了正义和道德，个人的牺牲再所不惜。

人家苏轼就这样在刻苦顽强、不按常理出牌的父亲熏陶下，在仁厚温柔、博爱无私的母亲教育下，在没有毒牛奶、没有核辐射的天然环境下非常规地成长着。

（二）

因为有着良好的家庭环境和文化氛围，做为名人的儿子苏轼自然也差不到哪里去。年幼的苏轼小荷才露尖尖角，早早地显露出了过人的锋芒。直到如今，民间还流传着许多关于苏轼童年时候的小故事：

某日，有个秀才在苏洵家做客，小苏轼在客人面前不知礼数，顽劣异常——放养的父亲调教出放肆的儿嘛，遗传基因就这么过硬。

秀才便有心嘲弄一下这个调皮蛋，便指着苏轼的鼻子、眼睛说，鼻孔子，眼珠子，朱（珠）子高过孔子。此句刁难啊，既含有人的五官，又含有朱子和孔子两个人物，还暗讽苏轼的鼻孔都高过眼珠了。

哪知苏轼的眼珠一转，拿手指着秀才的眉毛、胡子说，眉先生，须后生，后生更比先生长。

秀才本想给乳臭未干的小后生一个下马威，没想到遭

• 038 •

到了反嘲弄，只得讪讪的甘拜下风。

由此可见，苏轼的学识和个性，都伴随着小孩儿长个头一样见风长了。

怎么就不晓得要低调一点呢。

每个小孩都有不知天高地厚的时候，才学过人的苏轼更是不例外。某日，苏轼心血来潮，在自家大门上贴了幅对联：识遍天下字，读尽人间书。

太有气势了。

苏轼整天望着对联沾沾自喜，洋洋自得，知乎者也且夫然则的不亦乐乎。然而，在某天，家里来了一位老者，拿出一本书向苏轼请教，苏轼一见，这本书是他从未曾见过的，书中的字也有很多不认识。

我猜，这些字是甲骨文也未必。

苏轼臊红了脸，提笔将对联改成：发奋识遍天下字，立志读尽人间书。

受到激励的苏轼，从此更加勤奋努力地好好学习、天天向上了。

他这是受了委屈呢。

十年寒窗磨一剑，苏轼一家终于等到了参加科举考试的时候。还真是没学问的孩子害怕考试，有才华的孩子等

宁屈乌纱不屈志 豪情谁比苏学士

待考试啊。

考试，顾名思义，考验是否贪玩的试金石。

（三）

知识改变命运，科举成就梦想，参加科举，报效国家。

一腔热情的苏轼终于等到了进士考试——朝廷教育部组织的省试，洋洋洒洒地交上了论文《刑赏忠厚之至论》，文中借用了尧帝时代的典故，宣扬做人要厚道。

苏轼的试卷批阅到了北宋国家作协主席欧阳修的手中，欧阳修阅后不禁拍案叫绝。

欧阳修嘴上叫了绝，心中却是犯了难。欧阳修拿着试卷左思右想，虽然试卷的名字是密封的，但他自认为眼光毒着呢，这文章的文风似乎出自得意门生曾巩之手。只有他这样的名师才教得出来这样的高徒啊。可若将此试卷点为第一名，别人说自己徇私舞弊，包庇学生就不好办了。

得避嫌。忍痛割爱的欧阳修阴差阳错，将原以为是自己学生，却偏不是自己学生的苏轼冤枉成了第二名。

事后欧阳修后悔莫及，却也于事无补。科举啊，要严肃。

科举，对苏轼来说是否严肃呢？

对文坛新秀苏轼怀有歉意的作协主席欧阳修念念不忘一件事，追问苏轼，你那文章里面的尧帝典故，是从哪本书中读来的啊？我花了很长时间，翻阅很多史书也没找到你文章中的资料啊。

苏轼一点也不严肃，嘻嘻一笑，想当然耳。

欧阳修哭笑不得，没想到苏轼会在严肃的科举考试中想当然耳的编造故事，他居然还当回事的把书都快翻破了。

古灵精怪的苏轼给欧阳修留下了深刻的印象，他对很多人谈及此事时说，苏轼这个人真是善于出新，以后写文章一定独步天下。再过三十年后，不会再有人提我欧阳修的名字了。

嘿，欧阳修您还是个预言家呀？不过您只预言到了一部分，三十年后的苏轼不仅成为了北宋鼎鼎有名的文学家，还是一位优秀的书画家、诗人、政治家……

敢情欧阳修先生在和苏轼玩天机不可泄露呀。

（四）

几年后，满怀抱负的苏轼顺利通过宋王朝的大考——制举考试，他考上北宋国家的公务员了。

铁饭碗啊这是，一人当官，全家风光。

苏轼被中央朝廷任命为凤翔府判官，官职相当于现在的地市级办公厅主任。二十六岁的苏轼终于步入仕途了。他立志一定要像范滂一样，做一个正直的好官。

初踏社会的苏轼初生牛犊不怕虎，满腔青春的热血，挥洒着年轻的激情。

然而苏轼的个性很快就遭到了打压。

枪打出头鸟嘛。谁让苏轼你才华出众的？打的就是你。

满腹才华的苏轼像大部分不羁的年轻人一样，一出校门就感受到了来自社会的压力，试探的触角来不及伸展就又迫不得已地收了回去。

苏轼的个性像被塞进蜗牛壳里一样无法施展。

这个把苏轼整得像蜗牛一样憋屈的人是他的顶头上司——陈公弼。陈公弼个头不高，黑黑瘦瘦，不苟言笑，训起人来一点也不给人留情面。我估计每个人的生活中都有这样一个严肃的原型。苏轼的单位同事都很怕这个黑脸领导陈公弼，若大家正在一个桌子上说说笑笑、吃吃喝喝，只要陈公弼一参与，同志们都立马噤若寒蝉。

这样的领导随处可见。摆着官架子到处教训人，往往让下级们敢怒不敢言。

可苏轼是谁呀？他能受这领导的窝囊气吗？学识上，苏轼作为年轻人谦虚点，就不和陈公弼比了，就光论这个儿吧，陈公弼个子才多高啊？人家苏轼有一米八六呢。

更何况苏轼还是通过科举考试便少年成名的优秀人才啊。

弯这样的英雄小蛮腰，苏轼是叫屈的。

陈公弼可不管苏轼是不是人才的，你既然是我的手下，你就得服从我的管理。陈公弼偏要对年轻人苏轼进行打压。某次他听到有同事叫苏轼为苏贤良，陈公弼嘲笑道，一个小小的判官，还称得上贤良？二话不说将那个同事打了几板子，从此以后，别人都不敢恭维苏轼为苏贤良了。

苏轼心里记上了仇。于是在某次单位组织的联谊会上，苏轼直接缺了席，明目张胆地拒绝参加集体活动。凭什么要去呀？有陈公弼那个黑脸领导在，说话不能大声，喝酒不能尽兴，做事还得看脸色。

眼不见心不烦。

陈公弼呢？对付苏轼的表现更加直接，想随意是吧，想尽兴是吧，罚款，扣工资。

绩效与工资挂钩、纪律与工资挂钩，看来这是古往今来，管理层们都爱使用的常用手段。

　　钱财是浮物，苏轼不在乎。但令苏轼恼火的是，他的文章已名满天下，在单位上写个把材料自然不在话下，可陈公弼偏偏要对他起草的文件圈圈点点，反复修改，不甚满意。

　　黑脸领导陈公弼的打压做法，强烈地挫伤了初涉社会的年轻人苏轼的自尊心。苏轼在单位受了陈公弼的压制，非常生气。苏轼一生气，后果很严重。苏轼背地里有没有画圈圈诅咒陈公弼我不知道，但发了牢骚是肯定的，瞧瞧，苏轼在《客位假寐》一诗立马留下了几句证据：同僚不解事，愠色见髯须。虽无性命忧，且复忍须臾。

　　还真是愤怒出诗人啊。

　　唉，陈公弼啊，您老人家在单位上只压制了苏轼两年，人家可是有本事把对您的牢骚一直传到今天的二十一世纪啊。让我来掐指算算，哈，这该有多少个两年啊。

（五）

　　苏轼在凤翔和陈公弼拧了两年气，终于等到了调职的消息，这次要到京都任职史官。

　　令苏轼想不到的是，得意总是伴随着失意。在生活的转角处永远猜不到等待你的是什么。

史官苏轼还来不及为朝延做出瞩目的功绩，几年后便遇到了王安石变法。

王安石可是皇帝宋神宗身边的大红人啊，他是比陈公弼还雷厉风行N次方的当朝宰相。王安石做事果断干脆，不达目的誓不罢休，不撞南墙绝不回头。

苏轼碰到了更霸气的领导王安石，陈公弼和王安石相比，那简直是小儿科。

王安石和苏轼有着共同的崇高目标，为推动国家发展而奋斗。

北宋国家已病入膏肓了，要治。这观点苏轼和王安石一致。

王安石貌似西医，要求疗效快。他雷厉风行地在北宋身体上动手术，军事这个伤口还在流血流脓呢，农业那边又哗啦一下，划了道大口子。教育那伤口正发炎呢。商业那又缝上了针。

这边苏轼同志代表中医科不吐不快了，他对王安石急功求进的治疗方法表示严重地反对，强烈地遣责王安石下药太猛，认为牵扯到国家制度的改革都似伤筋动骨，必须躺满一百天。

宁屈乌纱不屈志
豪情谁比苏学士

反对新法的人数众多，王安石贬了这个辞那个。对王安石来说，过程不重要，重要的是结果，他的结果就是希望看到国家的发展，经济的进步。大人物又岂会为这些绊脚石所累呢？

王安石以自己的方式执着着他的理想，苏轼也是。

苏轼的坚持遇到了王安石的顽强，针尖对麦芒，互不相让。

王安石变法苏轼就是不同意。并且是变着法子的不同意。

他爱在文采上较真，他知道，王安石是恃才更是爱才的。

一次，苏轼问王安石，波涛的"波"字怎么解释？王安石答，水之皮。苏轼嘲笑道，哦，那"滑"字就是水之骨啊。他是暗讽王安石在新法路上滑得太快，收不住脚呢。

又一次，苏轼见王安石的书斋台桌上摆着一首未完成的诗，"明月枝头叫，黄狗卧花心。"苏轼不以为然，明月怎么能在枝头叫呢？黄狗怎么会在花心卧呢？于是擅自提笔一改，明月当空照，黄狗卧花荫。

苏轼在字里行间都与王安石斗着劲，可就算苏轼再有学识和才华，他毕竟是阻碍了王安石理想的人，都得挪走。

一批批顽强的旧法派战友们都倒下了，司马光等都集体辞职了。

自从离开了黑脸陈公弼后，苏轼在新的岗位上可谓兢兢业业，按惯例也该升官了。

等待升官的苏轼没料到，和拗宰相王安石拧了好几年了的后果，是他主动搬起了王安石这块顽石，砸到的不是自己的脚，是仕途。

任命文件到达了宰相办公室，在王安石手中转了一圈，不但没调升，反而被贬到了杭州做通判。

逆水行舟，不进则退。想做中流砥柱，没那么容易的。

苏轼第一次知道什么比屈才更难堪。那就是屈职，他头上的乌纱一次比一次轻。

此后的年月里，苏轼碾转调职，奔波在密州、徐州、湖州等地任知州县令。

苏轼因为反对王安石变法，将自己一生的仕途都搭了进去。

骄傲的苏轼可曾后悔过吗？不，绝不后悔。因为他的母亲程氏教育过他，要坚持自己的信念，做自己认为正确的事。做一个像东汉时期范滂一样正直的好官。不，绝不

为了明哲保身而放弃自己的理想。

他想念已逝的母亲，想念已有五年未曾见面的亲兄弟。

在中秋月圆的日子，苏轼心中万分感慨，写下了一首千古的名篇《水调歌头·中秋》：

明月几时有，把酒问青天。

不知天上宫阙，今夕是何年。

我欲乘风归去，又恐琼楼玉宇，高处不胜寒。

起舞弄清影，何似在人间。

转朱阁，低绮户，照无眠。

不应有恨，何事长向别时圆。

人有悲欢离合，月有阴晴圆缺，此事古难全。

但愿人长久，千里共婵娟。

文豪一出手，便知有没有，自苏轼的这首《水调歌头·中秋》问世后，九百多年来，人们仍然众口一词，前人咏月诗词几可尽废，尚无后人可与媲美。

唉。前面说过，在生活的转角处永远猜不到等待你的是什么。苏轼的仕途是因反对王安石变法此事古难全了，可他的诗词却因此到了高处不胜寒的高度啊。

（六）

遭遇了仕途滑铁卢的苏轼离开了复杂的政治淤涡，下了基层当了县令。

不管县令是几品，好歹有品。苏轼要做个有品的好官。

苏轼在密州，治下了累累相望二百余里的蝗灾，上报朝延减了赋税，还想办法救下了无数弃婴的性命。

苏轼在徐州，遇到黄河泛滥，苏轼亲临城上，带领军民抗洪，夜宿于城上，筑长堤九百八十四丈，洪水渐退。为防洪水入徐州，又修筑木岸，筑高徐州城。

苏轼在杭州，与太守陈襄修浚西湖六井、沈公井，欲修浚运河。

苏轼在湖州筑苏湾堤。

……

苏轼渐渐成为了北宋人民口中交口称赞、反哺于民的好官。他终于是名符其实的苏贤良了。

他突然想到青年时期，因老领导陈公弼的同事而挨板子，那个时候他刚初出茅庐，之后他又批斗了王安石变法、

宁屈乌纱不屈志　豪情谁比苏学士

·049·

经历了官海沉浮、体恤了民间疾苦，苏轼已不再是当年那不知天高地厚的小伙子了。

如今，提携过他的贵人欧阳修已经逝世了，苏轼也如欧阳修当年的预言那样，三十年后，成为了著名的文学家，新一代的文坛大腕儿。

挫折打碎了他的仕途，却成就了他的文学。

原来成就的梯级并不都是在仕途上，而是藏在不经意的半梦半醒间。

在人生的半梦半醒间，迷茫的苏轼似乎看到了已离世十年的亡妻王弗，正坐在小镜前梳着妆，模样还像十年前那样年轻。

惊醒的苏轼走到镜前，发觉镜中的人已是尘满面、鬓如霜了。即使容颜老了，心中仍有对生活的坚持，逝去的亲人在天上也会微笑的吧。

苏轼作下了千古绝唱《十年生死两茫茫》：

十年生死两茫茫，不思量，自难忘。千里孤坟，无处话凄凉。纵使相逢应不识，尘满面，鬓如霜。

夜来幽梦忽还乡，小轩窗，正梳妆。相顾无言，惟有泪千行。料得年年肠断处，明月夜，短松冈。

十年了，曾经青春激扬、嘴上无毛的苏轼已是尘满面、鬓如霜，纵使相逢应不识，相顾无言，惟有泪千行。

唉，我见到苏轼动不动就来首这样前无古人后无来者的千古绝唱，真是无处话凄凉、惟有泪千行。同是玩文字的人，差距怎么就这么大呢。

（七）

岁月荏苒。

令苏轼想不到的是，几十年间，他已在文学上取得了巨大的成就，然而却是成也墨宝，败也墨宝。

墨宝给他带来了成就，也带来了灾难。

苏轼因反对王安石变法被一贬再贬，辗转到了湖州。

其实苏轼的死对头王安石最近十年来也不好过。好好的国家变法，最后演绎成了利益之争。曾意气风发的王安石伤心失落，一生的心血以失败告终，回到老家消磨余年。

王安石下台了，才华学识已风靡北宋的苏轼是不是就要调回来了？做为重量级的文坛大腕儿，苏轼的名字可是如雷贯耳。何况这些年苏轼的政绩也是有目共睹的。

· 051 ·

宁屈乌纱不屈志
豪情谁比苏学士

不，这种现象是小人们不可容忍的。满腹经纶的苏轼若回了京，是会严重侵犯某些小团体利益及地位的。

人为财死，鸟为食亡。

不良的四个小人率先对苏轼发难。我决定刻薄一回，要努力记住他们的名字，方便随时唾弃他们：李定、舒亶、张躁、何正臣。

事儿就坏在苏轼的墨宝上了。四个小人勤扒苦读，终于在苏轼写的文章和诗词中扒拉出大逆不道的证据若干，纯粹是无中生有，断章取义。唉，原来勤扒苦读并不总是褒义词啊。近朱者赤，近墨者黑，不止是清水会被污浊，有时候人的心肠太黑了，连褒义词也会污染成贬义词的。

一碗清水会因为一滴墨变浑浊，一瓶墨却不能被一滴清水所净化。原来哪怕是墨水的破坏力也不容小觑。

苏轼因遭陷害锒铛入狱，押至乌台。

这就是历史上著名的乌台诗案。

受冤的苏轼在狱中胆颤心惊，生死未卜。他想到年少时，母亲程氏给他讲过的范滂的故事，与忠义之臣齐名而死，死亦何恨。

你若能做范滂，我就能做范滂的母亲。

母亲的声音穿过许多年的光阴，如此清晰地回荡在苏轼的耳边，振聋发聩啊。想到母亲程氏的鼓励，苏轼的嘴角不禁像母亲一样露出微笑，是啊，死又有什么呢？只要我无愧于心。

自忖命不久矣的苏轼，在狱中写下了两首绝命诗：

其一

圣主如天万物春，

小臣愚暗自亡身。

百年未满先偿债，

十口无归更累人。

是处青山可埋骨，

他年夜雨独伤神。

与君世世为兄弟，

更结来生未了因。

其二

额中犀角真君子，

身后牛衣愧老妻。

百岁神游定何处？

桐乡应在浙江西。

宁屈乌纱不屈志
豪情谁比苏学士

只要是限量绝版，都是爆吸引人们眼球的。

文坛的精神领袖苏轼的两首绝命诗迅速的在民间流传开来。这可是苏轼的绝笔呀。

人们的眼球被忠义之臣苏轼入狱的新闻吸引了。乌台诗案牵动了朝野上下。

牢狱之外的人们自发而迅速地展开了营救行动，亲兄弟苏辙愿以官职换取哥哥苏轼的平安。父亲的老朋友张方平立马上书，要求释放天下奇才苏轼。杭州、徐州等地的百姓们为苏轼祷告。后宫太后为苏轼求情。就连闲居在老家的宿敌王安石，也特意为苏轼写了折子，安有盛世而杀才士乎？

做事不如做人，人脉决定成败。

经过多方营救，正义终于战胜了邪恶。苏轼的命保住了。

之后，他以团练副使之职贬至黄州，不得签书公事，苏轼被流放到了荒远之地。

苏轼不求解释。

彪悍的人生不需要解释。

（八）

苏轼又落难到黄州了。

不，在黄州的一切对苏轼来说，不是落难，是升华。

黄州，是苏轼一生中最失意的时期之一，却是他心灵最快乐最放松的时期。

这里不再有复杂的政治斗争，不用再操心繁琐的公文。苏轼常常就地盘坐、倚溪而息、靠桥而睡，天为被、地为床。

他成了良久的思考者，回忆并感悟着自己曾经的辉煌。

回忆归回忆，艰苦的日子总还要过着。为了生计，苏轼和农民们一起耕田种地，开辟水源。

苏轼回忆着热闹的过往，经历着安静的现在，禁不住开玩笑说，吾上可陪玉皇大帝，下可以陪卑田院乞儿，眼前见天下无一个不是好人。

他身上的每一个毛孔都被黄州的自由空气打开了，他的每一次呼吸都与天地进行着交流。

他学佛、学烹饪、学制药、学养生，学习一切能学到的东西。

苏轼在黄州的东坡处，号召家人都动手添砖加瓦，盖了一所房屋，还亲自在房屋的四壁上画上了雪景，并为住所取了个诗意的名字，叫雪堂。瞧瞧，苏轼的思想真是比现代人还现代呀，人家可是老早就实施了房屋装潢DIY。

苏轼留恋东坡这个地方，东坡是他心灵的沉淀地。苏轼为自己取了个别号——东坡居士。

从此，苏东坡的名号如漫天飞雪一般狂舞着，洒向了全国各地。

苏轼在雪堂里交朋结友，吟诗作画。他还爱上了竹，宁可食无肉，不可居无竹。他甚至还爱上了画竹。苏轼结交的著名书画家米芾问他，你画的竹怎么一溜烟的长上去的，也不断个节？苏轼说，你见过竹子是断着节长成的吗？

苏轼在成长过程中也从未曾断节。

除了画竹，他还爱画怪木顽石，虬屈的姿态有如扭曲挣扎而生的身躯，彰显着无穷的活力。

苏轼的心中也正喷积着无穷的活力。

寂寞流放的苦难生活并未将苏轼击倒，他要像父亲苏洵一样潇洒不羁，顽强努力。

心境渐渐平和的苏轼回想到了初涉社会时，他遇到的第一个黑脸领导陈公弼。那时的陈公弼可真坏。可是，苏轼现在不这样想了，苏轼还专门为陈公弼做了一篇很长的传：我在凤翔为官时，跟随陈公二年，在那时，我年少气盛，愚昧未经世事，多次与陈公争执辩论，至于在言辞脸色上有所表现，不久就对此感到后悔。我私下里认为陈公是古代遗留下来的正直之人。

陈公弼认识个苏轼这样的文学家真是好啊。稍不留神就托苏轼的福，青史留名了。

年轻的时候，总是把那些打磨着我们性格的人当成眼睛里的沙子，等若干年以后才会发现，这颗沙子其实在我们的性格中已揉搓成了珍珠，这颗珍珠的名字叫包容。

还有某次，苏轼在屋外漫步，突然听到有一群小孩子围着一堆花丛猛喊："黄狗，快出来呀。黄狗。"苏轼一时好奇，怎么这帮小孩会对着花丛叫黄狗呢？小孩指着花丛说，这种虫子叫黄狗，我们叫黄狗出来好捉它。苏轼凑近花前一看，见有几条黄色小虫在花蕊里蠕动。在黄州，苏轼还知道有一种鸟的名称，叫明月鸟。苏轼突然恍悟，某年某月某日，在王安石变法的当头，自以为满腹经纶的他曾错改了王安石的诗。

难道不是被偏见蒙蔽了双眼么？

黄州理应是苏轼最失意的地方，苏轼却把他嬗变成了

最意气最昂扬的地方。

自信坚强的人总是能在困境中找到积极的勇气。找寻欢乐的源泉。

苏轼对着赤壁写，大江东去，浪淘尽，千古风流人物。

苏轼对着明月写，寄蜉蝣于天地，渺沧海之一粟。

苏轼对着湖面写，飘飘乎如遗世独立，羽化而登仙。

随性自由的生活激发了苏轼的浪漫和灵感。他在黄州生活的四年间，写出了大量的优秀诗词，文学的创作到达了人生的巅峰。

上帝给你关闭了一扇窗，往往会为你开启另一扇窗。

苏轼的官场之路被阻断了，却又开辟了新的文学之窗。

（九）

转瞬间，苏轼被贬黄州已经五年，他已快满五十岁了。

五十岁，该是知天命的年纪了。

日子虽然很苦，但苏轼觉得很快乐。苏轼不是神仙，却赛神仙，他已拥有了苦中作乐的不二法宝。

是金子在哪里都发光，是人才走哪里都被惦记。

宋神宗又想到了被他遗弃的五年之久的人才苏轼，命他将再次为国效力，赴汝州上任了。

然而，这次上任的路途并不顺利，苏轼的幼子在途中夭折了。

也许人生在世最大的苦难就是不得不承受。

悲痛的苏轼向朝廷申请，改道往常州调整。

在苏轼往常州期间，宋神宗驾崩了。

一切都归零了。

宋神宗驾崩了、王安石变法失败了、苏轼也无罪一身轻了，曾经顽强的宿敌王安石也罢相回到老家有好些年了。

五十岁的苏轼突然想到了年轻时，他书生意气地与王安石针尖对麦芒的斗法。

苏轼决定绕道去看望王安石。

远远地，苏轼就见到了在江风中翘首以待，骑着毛驴的迎接他的王安石。原来，王安石也已老了，刚坚不可夺其志的样子早已收敛了去，变成了瘦弱、孤独的老头子了。

苏轼笑道，我今天斗胆，穿着便装来见大丞相了。

王安石看他大笑，世间礼法岂为我辈所设？

曾经的死对头相逢一笑泯恩仇。

很多年前的政敌喝上了酒，王安石说起了因卷入变法而死去的儿子，苏轼聊起了早夭的幼子，脱离了政治，两

人其实都是惺惺相惜的英雄。以前有着同样的执着、如今有着同样的包容。

骑驴渺渺入荒陂，想见先生未病时。劝我试求三亩宅，从公已觉十年迟。

（十）

晚年的苏轼与朝廷的政见依然不和，苏轼的仕途生涯仍然沉沉浮浮，导致一贬再贬，直到贬到了北宋时期最遥远的地方——海南。

他的心态却已达到了前所未有的平和。

苏轼一生都做到了像范滂那样，宁愿为道德和正义放弃明哲保身，这是他从未丢失的信念。

人的心中只要有根，放逐得再远也不会觉得虚无。

被贬的途中，苏轼的生活有时候会很苦，苦到会在骨头缝里剔肉吃，他却笑称这种吃法就像是在吃螃蟹。

苏轼独自一人居住在天涯海角的地方——海南。飘飘乎如遗世独立，他已感悟到了人世间的每一处风景，直到最后。

不管生活给予我们什么，都应深深的热爱它。坚持用自己的双手和心情，赋予它无尽的快乐。

在苏轼的老家眉山有一个美丽的传说——苏轼出生时，眉山彭老山上的草木尽枯，传苏轼能夺山川之灵气，吸天地之精华。只到苏轼去世后，还精灵于彭老山，草木才重新茂盛起来。

我宁愿相信这不是一个传说，而一个真实的故事。苏轼的精灵正附予眉山彭老山的草木上，如他活着时那样，尽情的感受风雨的洗礼、阳光的和煦、甘露的凝结、遗世的孤独。

仍在这世间，顽强地承受着生命的每一次巨大的挫折，享受着生活中每一处细微的快乐，刚柔并济、宁屈乌纱不屈志。

宁屈乌纱不屈志
豪情谁比苏学士

拜石并非真癫狂　　只怨世人不通灵

【百科名片】米芾（1051—约1108），中国北宋书法家，画家，书画理论家。吴人，祖籍太原。天资高迈、人物萧散，好洁成癖。被服效唐人，多蓄奇石，世号米颠。书画自成一家，精于鉴别。曾任校书郎、书画博士、礼部员外郎。善诗，工书法，擅篆、隶、楷、行、草等书体，长于临摹古人书法，达到乱真程度。

（一）

如今，"作秀"这个词儿正以嫦娥八号的奔月速度在世人的眼球中高频率的受到追捧，差不多波及到你人生的每一个方方面面。

不信你随手翻一翻报刊的花边新闻：某些明星作秀到了极致，今天露个花边底裤，明天上条花边新闻，后天召开个澄清绯闻发布会。

千万别以为作秀是明星专利，就连乞丐也不甘落后，身着演戏的宋服，在大街上双膝跪拜，曰：小女子不小心从宋朝穿越了，请路人施舍，让小女子穿越回宋朝吧。

某些市民更是推波助澜，与时俱进，今天秀下酱油瓶，明天做个俯卧撑，后天又晒了只小猫猫。

还有牡丹姐姐、凤凰妹妹、露点哥哥争称恐后秀得层出不穷。

于是乎，络绎不绝的社会事件在某些人的眼中都变成了秀——某大款慈善捐款了，疑是作秀。某高级官员下乡了，疑是作秀。某拾荒者救小女孩了，疑是作秀。

世上本没有秀，作的人多了，看什么都成了秀。

那么，我也顺应一把社会潮流，将北宋著名书法家、画家兼书画评论家——米芾的种种怪异行为，统统疑为作秀。

算是跟一回风吧。

只是米芾先生这样的秀不好做，毕竟是，作秀一时很容易，难得的是作秀一世。

作了一世秀的米芾，堪称是作秀者的始祖。

若将米芾作秀的高深段数能学到个一招半式，那离出名的机率就不会遥不可及了，甚至是指日可待的事儿。

哪怕你再平庸。

（二）

米芾这个怪人能混上北宋的官，纯粹是托了祖宗的福。

因为母亲阎氏曾做过皇太后的乳娘，皇太后为报答阎氏的哺育之恩，其子米芾被破格免试，轻轻松松便端到了北宋的铁饭碗。

看来走裙带关系这种恶俗的腐败风气不是一朝一夕就形成的，源远流长了都。

真是"学好数理化，不如有个好妈妈"。米芾当上官后，说不准也受到了同僚们这样的嘲笑。

由此可见，米芾踏入社会的起点在同僚们的眼中很是污浊。毕竟米芾的工作是靠母亲走后门得到的嘛，这让那些十年寒窗苦读也未考取功名的学子们情何以堪哪。没办法，米芾受到同事的排挤和妒忌，这也是可以理解的。

心高气傲的米芾也感受到了这种来自周围的异样眼

拜石并非真癫狂
只怨世人不通灵

光，心里自然很是不爽。

换了我也会不爽。

每个人都曾认为自己特立独行，是人群中最耀眼的那一个，就像黑夜里的那只萤火虫，即使四周再黑暗也难以遮挡住屁股上的光芒。

举世皆浊我独清，世人皆醉我独醒。

米芾是这样认为的。

他怎么能被世俗人的白眼翻倒在这污浊的尘世中呢？即便是被跌落在这污世中，米芾也要做一朵出污泥而不染的荷花。

很多事情，我们都知道，说起来容易做起来难。因为一个人想平庸——比如我，阻拦者很少；一个人想出众，如米芾，阻拦者很多。

枪打出头鸟嘛。

人被打击得多了，想出头的欲望就淡了，渐渐变得平庸。

这尘世中的溶解度该有多大啊。在我们的世界中你可看到，多年以后，曾经那个特立独行的少年变成了好爸爸；曾经那个肆舞飞扬的少女变成了黄脸婆；曾经述青云的志向变成了悲镜中的白发……

原来，尘世中含有一些可溶解一切人类个性的化学物质，它们的名字叫时间、认知、受众、观念、价值取向……

可是，米芾不惧怕这些，他将用自己的方式坚持表达出自己的与众不同。

他要以出世的双眼观察世界，更要以入世的双手秀出世界。

（三）

美特斯邦威有句广告词，不走寻常路。

这句话令我一直质疑，这家公司是不是盗版了米芾的座右铭啊。

米芾可是在此基础上还更完善了两点，不做寻常人，不做寻常事。

要知道，米芾一生中的行为准则都将按照此座右铭严格执行。

米芾首先要做的是第一条——不做寻常人。米芾要在人群中显露出他的不寻常。他要做一只潇洒的鹤，优雅地伫立在鸡群当中。

拜石并非真癫狂
只怨世人不通灵

想要鹤立鸡群的米芾和大多数叛逆的青少年一样，先从外表彰显了自己的个性。

那可是北宋的大街上啊，米芾做为宋朝的官员，却坚持身着奇装异服——唐服。佩服啊，原来远在北宋时期，就有了米芾这样一个潮人，率先刮起了服装界的复古风。

北宋人民可不管什么复不复古风，只要是不紧随大众审美潮流的服装，都统称为奇装异服。

官员米芾身着奇装异服，戴着高檐的帽子大摇大摆地招摇过市，所到之处皆有众人围观指点，气氛比看猴把戏还热闹。

毋庸置疑，围观的人们都把装束奇怪的米芾当成了疯子。

当然，时代是在不断的进步的。当今的人们可都长见识了：长翅膀的不一定是天使，有可能是鸟人；骑白马的不一定是王子，有可能是唐僧；穿奇装异服的不一定是疯子，有可能是明星。

米芾虽不是明星，但他上街后所引起的轰动也具备了与明星一样的效应。

这靠的是什么？

嘿，靠的是作秀啊。一场接一场的免费服装秀。

米芾就靠这小小的服装秀伎俩在人群中脱颖而出了。瞧瞧这作秀段数，可比露花边底裤的明星品味高多了。

人家可是春光一点也没舍得乍泄啊。

不光如此，米芾为了不低头就能戴着高檐帽子上下轿子，居然把轿子顶给掀了，将轿子开了扇天窗。

人家是打开天窗说亮话，呵呵，米芾打开天窗来作秀。

米芾的官架子摆了，威风耍了，人们也知道了——新来的米芾大人可是个宁掀轿子顶，也不肯低下尊贵的头的人物呗。

其实，米芾大人的头也不是一直都那么尊贵，他也有心甘情愿地五体投地、叩首跪拜的时候。

（四）

能让自恃清高的米芾大人叩首跪拜的对象，不是神仙、不是权势、更不是美女。

一说到权势和美女，我就想起，某些有权势的人民公仆就是喜欢美女。因为我总是在八卦新闻中看到：又有某某人民公仆拜倒在某某美女的石榴裙下。

美女的杀伤力指数之大古今中外不胜枚举，轮不到我

拜石并非真癫狂
只怨世人不通灵

在此赘述。

一句话，爱美之心人皆有之。一发现美女，就连做为女人的我，也会一点都不矜持地用如炬目光扫描一番暗自比较。

但米芾这位能把天窗打开作秀的人民公仆，还真秀出了个前无古人后无来者，他才不屑于拜倒在女人的石榴裙下呢，他居然，哎，作为女人我有点替羞于出口了，他怎么可以拜倒在又丑又怪的石头下啊。

分明是歧视妇女同志的表现。

没错，是真正的石头。石头越怪米芾大人越喜爱，并且曾做出了让老婆独守空房，自己去陪着新纳的怪石睡了三天三夜的怪事。

怪人爱上怪石，这可真是前世扭断了脖子的回眸，才能换到的今生擦肩而过的缘份啊。

这难道不是作秀高手米芾，继导演了奇装异服秀后，再次炒作出来的丑石怪石秀吗?

瞧瞧这秀作得，不管是何时、何地、何人、何事，米芾大人只要看到奇石、怪石、丑石、巨石都忍不住要屈身跪拜。

等等，让我还原一下拜石场景。

你看啊，米芾慎重地摘下了官帽、整理了官服，双手抱拳、连连作揖、低眉顺眼，嘴里还不忘念叨着拜石真经：

石兄啊。我等待你二十年了。

石兄啊。我愿与你结拜为兄弟。

石兄啊。你一身硬骨，观当今世上，人不如石啊。

米芾拜石的作秀行为迅速地席卷了画坛，历史上因此流传下《米芾拜石》图若干。

作秀让米芾更加出名。

周身散发着二百五气质的米芾成了官场上有名的"米癫"。

说到了官场，我脑中又浮现出了一间会议室，一只苍蝇正在一颗颗八面玲珑、圆滑世故、面面俱到的领导脑袋上面闪着腿打着滑。一旁的小职员们则带着痛不欲生的表情在夹缝中求生。

小领导米芾无意于在摧眉折腰事权贵的夹缝中求那种不得开心颜的生存。他人在官场，心却游离在官场之外。身未动，心已远。

不私交结党，不参与政治争斗，不谄媚奉承。

有棱有角的米芾只是到处收集着奇形怪状的石头，时不时展开一下对着石头作揖的秀。

拜石并非真癫狂
只怨世人不通灵

· 071 ·

米芾作的是单单是为博人一哂的秀吗？不是。以我愚见，他秀的是鲜明个性、秀的是人生立场。

（五）

诚然，米芾的个性是鲜明的，鲜明得近乎顽固。

他认为在这个浊世里，他是最干净的人。

大多数的人都会被时间磨去了个性，磨平了棱角，米芾没有。

他的拜石，就是希望自己能做一块不被岁月磨平的石头。

米芾宁愿自己，就是扔在厕所里的石头，又臭又硬。他讨厌一切虚假、肮脏的环境——比如，他所在的官场。

官场的人际关系让米芾觉得自己格格不入。

曾有人跟我说，若每个人都与你合不来，那你就要考虑一下问题是否出在自己的身上。

若按此话推断，有问题的只有可能是米芾了。

但凡是与米芾接触过的人，都被他气得半死。米芾他那个性，宽容的说法叫可爱，刻薄的说法叫神经。

不过，我这是站着说话不腰疼呢，如果谁用米芾那些烂招数对付我，我同样也会被气得到半死的。

比如米芾的某同事，借了米芾的名贵墨砚。只因同事在砚上蘸了蘸口水，米芾便立马把名贵的砚丢到窗外去了。

瞧这米芾，简直就是二的平方。

换成我，当然也会很生气。像米芾这样乱丢东西，砸到了花花草草可怎么办？

米芾遗世而独立的洁癖秀立马又顺势火了一把。

我曾心理极度阴暗地做过揣测，莫非是米芾作秀次数太多，导致入戏太深，致使脑袋秀成金，结果，锈了？

如果他真的是在作秀的话。

可想而知，米芾这样的极品性格绝对在官场上混不长久。

人家米芾可一点也不在乎官场上的升迁，他将更多的心思用在了自己的爱好中。他的爱好多着呢。除了爱石，还爱纸、爱砚、爱墨，爱诗词、爱书法、爱画……

瞧瞧，米芾的不务正业的兴趣爱好可真多啊。这种人若搁在今天，想找到老婆，我估计无论哪个丈母娘都会嫌弃的——啥人啊这是？正儿八经的工作不做，净去瞎捣鼓这些乌七八糟的玩艺。

简直是玩物丧志。

拜石并非真癫狂
只怨世人不通灵

放在现今社会，米芾这种贪玩又古怪的女婿，估计主动倒插门都没人肯收纳。

唉，有时候金龟婿这种稀缺物种，就是用来被那些世俗眼光看走眼的。

顽石一样的米芾若肯走寻常路，他就不叫米芾了。

（六）

米芾像爱顽石一般，也酷爱着写写画画，爱得如痴如迷。

痴迷到什么程度呢？

据说，米芾扔下好好的工作不做，倒是满世界的去寻访名人名贴——比如王羲之、王献之等名家的书法。

若是找着了便要；要不到就哄；哄不到就抢；抢不到就耍赖；耍赖还是要不到的话，他便大叫着要跳河。

还真是不疯魔不成活呀。

疯子一样的米芾还真够作的，不管他是在作人、还是在作秀，总之他作的程度是登峰造极。

人们都说疯子和天才只差一步，依我看，这一步的距离就是成功。成功了，你便成了特立独行的天才；失败了，你就是个行为反常的疯子。

幸好，米芾成功的从疯子跨到了天才。

米芾认真临摹并揣摩着收集而来的、前古人书法中的神韵，取人之长，补已之短。米芾将这种方法称之为"集古字"。

痴迷的米芾就算在大年初一也不忘写字。他常常站在池塘边，将墨砚放在白色的宣纸旁，用碧绿的池塘水研墨写字，天长日久，一池塘的绿水都被洗成了黑色。

一生的性格都不曾循规蹈矩的米芾，写起字来当然更不会墨守成规了了。米芾渐渐地在"集古字"的训练中增添了米式变化，终于新创了自成一家的米式书法。

米芾的书法也正如人一般，张扬脱俗，节奏丰富、笔走偏峰、耐人寻味。

人字合一，在字中也蕴藏着书法者的骨骼。

米芾的书法狂，人的脾气更狂。

米芾曾在皇帝宋徽宗面前评论其他各书画大家：蔡京不得笔，蔡卞得笔而少逸韵，沈辽排字，蔡襄勒字，苏轼画字，黄庭坚描字。

宋徽宗一笑，问，卿书如何？

米芾骄傲地说，臣书刷字。

拜石并非真癫狂
只怨世人不通灵

仅仅一个"刷"字，便将米芾的人和字，衬托得八面出锋、痛快淋漓、毫无拘谨。

不知道是米芾的癫狂个性成就了书法，还是他的癫狂书法烘托了他的放纵个性。

米芾用他特立独行的一生，为北宋秀出了一个天衣无缝的艺术家。

（七）

大浪淘沙，时间终究会淘汰掉那些表面的喧嚣。

比如，观众们能记住一个好的演员，靠的不是演员会作秀，而是其留下的作品。

作秀热闹一时，作品流传一世。

米芾的种种怪异行为放在今天，他将是新一代的行为艺术掌门人。

人们更多的欣赏的是米芾的作品。

其实我们每个人都是作秀者，每天都在自己的生活中作着不同的秀。

有人微笑着露出职业化的八颗牙；有人察言观色地着字斟句酌；有人为了沽名钓誉推盏举杯……

每个人都在为斛觥交错的生活做着自己的秀。但有没有人像米芾一样，遵循自己的内心为自己的梦想去作一场秀。

　　那样的一场秀，秀出的是属于自己的精彩人生。

　　而不仅仅是，人生的一个片段。

拜石并非真癫狂
只怨世人不通灵

一醉六十天　白眼看天下

【百科名片】阮籍（210—263），三国魏诗人，字嗣宗。陈留尉氏（今属河南）人，是建安七子之一阮瑀的儿子。曾任步兵校尉，世称阮步兵。崇奉老庄之学，政治上则采谨慎避祸的态度。与嵇康、刘伶等七人为友，常集于竹林之下肆意酣畅，世称"竹林七贤"。

（一）

当下电视屏幕上的谍战剧和宫斗戏过多过滥，国家广电总局已发文限播。

还是将频道转换到魏末晋初时期吧。

那时，曹操挟天子以令诸侯，司马昭之心路人皆知，

城门失火殃及池鱼，杀鸡吓猴鸡飞狗跳……这些都是在权力中心的舞台上狂轰滥炸的戏码。

谁明里暗里站到对方一边，我暗地里就杀掉谁。

道不同不相为谋是吧，我谋你性命总可以吧。

现实中的明争暗斗远比虚构出的勾心斗角更加血腥、更为暴力、更显悲情。并且，永远不会有善良的裁判为掐架的队员们吹响暂停的哨子。

曹氏和司马家族形成两股强大又邪恶的龙卷风，无数人被不可抗拒地席卷其中。

诗人阮籍便是其中一个。

阮籍才华横溢、清高孤傲、有勇有谋、自由脱俗，我固执地认为他就是金庸笔下活脱脱的令狐冲。

当然了，阮籍年轻时候的理想并不是当一个令狐冲那样自由自在闯荡江湖的浪子。他是个男人，只要是男人，都会胸怀远大抱负，立志建立功业，留下丰功伟绩。

社会政治环境的变幻莫测扭曲了阮籍的抱负，权势争夺的残酷倾轧了阮籍的志向。阮籍在台下花了十年的功夫，可待他登到权力的舞台时，却发现那个他曾向往的三分钟舞台其实一片狼藉。

阮籍从风华正茂的翩翩少年熬成老男孩的时候，他也不得不悲催地改变生活的轨迹。

没办法，命运使然。

（二）

阮籍不愿意在那片丑陋的政治舞台上引吭高歌，施展拳脚。

做人，要厚道，但更要，有人格。

骨子里这个声音让他选择了悄然隐退。

虽然没有万能的上帝为失望的生活喊句暂停，但是自己也可以申请中场休息啊。

不过，退不退场可不是由阮籍说了算的。

21世纪，最缺的是什么？人才。其实缺人才的何止是21世纪呢？任何时候都缺，魏晋时期也不例外。

作为人才的阮籍小荷才露尖尖角，曹氏和司马家族都不批准他隐退。

于是就有说客来劝说阮籍了，识时务者为俊杰。出污泥也可以不染的吗？

说客的意图其实是想打探阮籍究竟是曹氏的啦啦队，还是司马氏的拥趸者。

一醉六十天　白眼看天下

祸从口出啊，很多人都在这上面栽了跟头。假如阮籍说错了话，栽的很可能就不止是跟头，而是项上的人头。

不管站在哪一边都是错。

君不见娱乐圈的赵文卓与甄子丹掐架，舒淇女神因为插了句话，便被影迷们扒出了 N 年前的裸照，一览无余之下自然是体无完肤地遭受到舆论袭击了吗？

这起围观者遭袭事件教育我们，学会随时随地打酱油该是多么具有自我保护的安全行为啊。

阮籍显然很明白这个道理。

但他没有酱油可打，那个时代还没发明酱油，无奈之下阮籍只好抱着酒坛子拚命喝酒。酒兴大发的阮籍与说客侃得天南地北、海阔天空、斗转星移，一直侃得醉到白眼珠子只翻，就是不谈政治。

于是说客回去复命了，那个阮籍的政治立场，就是没有立场。

史书上记载阮籍，容貌瓌杰，志气宏放，傲然独得，任性不羁，然喜怒不形于色。

喜怒不形于色，看这字面意思，阮籍大约就是个严肃而古板的人吧。

然而我所理解的阮籍并不是这样，阮籍的个性，让我想起了一代伟人为中国人民抗日红军大学写下的题词——

团结、紧张、严肃、活泼。

阮籍用自己的方式活出了激情脱俗的一生。

（三）

阮籍不喜欢丑陋的官场，便把视线便转移到了美丽的女人身上。啧啧，不带观点地说，阮籍还真具有一双执著追寻美好世界的眼睛啊。

好色，大约是男人们避之不及的雷区，若是被女人们贴上了登徒子的标签就不好收拾了。色，是要好的，但是要犹抱琵琶半掩面的好。

可阮籍不同，他好起色来明目张胆。在现在人看来，阮籍喜爱美女就和司马昭之心一样，也是件路人皆知的事儿。

都不晓得遮掩一下。

来来往往的路人们都认识那个喝醉了酒便躺在酒坊门前睡觉的阮籍，也都知道他为什么躺在别人门前睡大觉。

只因酒坊的老板娘长得漂亮，合阮籍的眼缘。

可是再合眼缘也是人家的老婆，老板娘都是已婚少

妇了。

礼法岂是为阮籍这样的浪子所设的？他可不管那么多。

阮籍经常跑到漂亮老板娘那儿打酒，酒打好了便席地而坐自饮自乐，拿一对青黑的眼珠子瞅着老板娘直乐呵，啥话也不同她聊。当阮籍把美酒喝足了，秀色品饱了，便躺在酒坊的门前睡大觉，太阳落山时就拍拍身上的灰尘，哼着小曲儿自个回家去了。

做神仙大概也不过如此吧。喝喝小酒，看看美女，睡睡懒觉，哼哼小曲。

爱美之心人皆有之，阮籍的爱美之心表现的那是相当地赤裸与直白。

难怪后人评价魏晋名士时说，魏晋名士居无室，庐天席地，纵意所如，止则操卮执觚，动则契木盍提壶，唯酒是务，焉知其余？

瞧瞧阮籍对人家老婆唯酒是务其余色胆包天的行为，脾气躁点的丈夫早就一脚踹过去了。

这美女的丈夫居然也是个异数，刚开始诧异，时间久了便不理会阮籍了，由着他去，老板娘也不生气。

也许对这小俩口来说，阮籍的行为并不是骚扰，而是欣赏。看热闹的人们还能顺便为酒坊提升人气呢。

相当于免费的活体广告啊，相当于站在大街上向人们散发假药传单。

不过，阮籍对美女散发出的欣赏一点也不掺假，他的真诚映在了那对黑眼珠子上，照进他清澈明澄的内心。

光明正大的欣赏永远强过偷鸡摸狗的窥探。

谁说阮籍喜怒不形于色呢？他将对美丽的好恶如此不假辞色地表现在了眼睛里。

可是并不是每一个女人阮籍都会欣赏，比如，司马昭的女儿。

一旦阮籍见到他不想接触的群体，就会像是一台游戏机被投进了游戏币，触动了翻牌机关，叮的一声响，阮籍的一对眼眶里便同时弹出了两颗白眼球。

都说眼睛是心灵的窗户，阮籍却在自家的窗户上展示出两颗白眼球，只差广而告之了："对不起，您要找的用户不欢迎您。"

（四）

阮籍的眼睛虽然能忠实心灵，嘴巴可是欠了胆。

一只枯叶蝶如果不老老实实地呈现出褐色，只要现了

一醉六十天
白眼看天下

鸟或土蜂的眼，就会一口啄了它；一条变色龙如果不具备变色的本事，一定会被天敌灭绝了踪迹。

阮籍显然很明白这个道理，生物要怎样生存，说到底，都是要顺应环境。

但是若要让阮籍随波逐流，那还真不如就杀掉他。

即使天下乌鸦一般黑，阮籍也宁可做一只褪尽了黑羽的乌鸦吧。

心理学上有个名词，叫人格面具。一个人可以带着面具对社会展示和谐共处的一面，骨子里却埋藏着自己强烈的个性。

而阮籍无疑是一个能熟练运用人格面具的人。

当阮籍听说司马昭为了拉拢他，想与他结成亲家，打算将自家女儿嫁给他儿子的时候，阮籍就开始琢磨如何婉拒的法子了。

能与权势贵族联姻，多少人梦寐以求啊，阮籍却避之不及。他早就决定了，绝不趟入政治的浑水。

明着拒绝显然是不明智的，扫了司马昭大人的颜面事小，那保不准要杀头的事大。

阮籍懂得权衡利弊，不想掉脑袋是吧，抱着酒坛子喝闷酒是唯一的办法。

名曰，酒架——用酒招架。

于是，当想牵红线的媒人第一天到阮籍家准备提亲时，迎面便看到阮籍的一对白眼珠正醉醺醺的砸向他，那对白眼球已喝得充出了血。

阮籍喝醉了，自然不便谈婚事，不得已的媒人唯有改天拜访。

第二天，媒人到访时，阮籍又喝多了，正躺在床上睡大觉。

第三天，阮籍胃喝坏了，兀自狂吐不止。

第四天，媒人老远就闻到从阮籍家飘出的酒香。

第五天，阮籍在家引酒长啸。

……

第六十天，司马昭得知酒鬼阮籍已连醉六十天了。

第六十一天，阮籍还想借酒装醉，媒人已经不登门了。

呵呵，他的表演已经没了热心观众。

有的人借酒装疯是为了表白自己，而阮籍借酒佯醉是为了隐藏自己。

众所周知，在酒桌上能喝酒已成了公关的必备手段，而阮籍通过一醉六十天的事实告诉我们，喝酒的另一个不为人知的功能，是守关。

一醉六十天
白眼看天下

（五）

守关成功。相当于收回了拳头，什么时候出掌呢？

阮籍不着痕迹地给司马昭吃了个闭门羹，心里头却还是分得清楚青红皂白的。阮籍寻思，搞不准哪一天心知肚明的司马昭会找个借口，给点颜色让他瞧瞧。

司马昭给的颜色阮籍可一点也不想瞧。阮籍闭上眼睛后眼前一片漆黑，却仍然能想象到白刀子进红刀子的惨烈画面。

左思右想的阮籍决定再给司马昭捏个软糖。

妇人都知道哄小孩要左手握着棒子右手捧着糖，活了半辈子的阮籍岂会不如一个妇孺之辈？

阮籍便空着手跑去找司马昭要糖，哦不，要官，要到乐平县当官。

司马昭很诧异，以前他曾多次主动提出要给阮籍官做，都被阮籍不识时务的拒绝了，这次阮籍怎么突然想通了，知道主动靠近他的阵营了？

这样的顺水人情司马昭当然乐意送了。人人都说阮籍是个二愣子，逮到谁鄙视谁，但是这次人家却肯主动登门领他司马昭的情，他自然也要赏光。

人情，是你投了桃别人报以李的；面子，自然也是要礼尚往来的。

阮籍谢过司马昭后，便骑着毛驴屁巅屁巅地上任当官去了；然而好景不长，十余天后，阮籍又骑着毛驴优哉优哉地卸任回家了。

我妄自揣测一下，估计这个阮籍是魏晋时期官龄最短的官了。

按照惯例，当了干部要写工作总结，再短的官也得走这个程序不是。

就将阮籍这一生中唯一的一次作官经历做个总结吧。

工作政绩：拆了官府的大墙小墙，超前实现了 21 世纪的透明办公。

工作心得：乐平县的酒名不虚传，的确很好喝。

不难想象出，大失所望的司马昭会恨铁不成钢地对阮籍批复出这样一个个人表现鉴定：阮籍这人只适合喝酒，不适合当官。

司马昭自此对阮籍置之不理，不闻不问了。

一醉六十天
白眼看天下

（六）

阮籍得到了清静，成了一个自由不羁的诗人。

当我看到黄庭坚的诗"朱弦已为佳人绝，青眼聊因美酒横"，就想到了自由的阮籍应该也拥有着这般非同凡人的潇洒。

阮籍的青眼不仅送给佳人、投向美酒，更多地送给了那些志趣相投的朋友们。

嵇康、刘伶等六位挚友与阮籍一起远离闹市，隐居到竹林。他们在竹林里饮酒长啸、且歌且舞，世人称他们为"竹林七贤"。

"竹林七贤"这个称号，让我联想起了金庸小说里的黑风双煞、江南七怪、全真七子。

竹林七贤虽不是武林人士，却比武林人士更豪迈、更洒脱、更潇洒。不是明星偶像，却比明星们更耀眼、更风流、更时尚。

在竹林里，嵇康弹琴、阮籍写诗、刘伶狂饮……七人还经常抱团组织户外旅游，频繁开 Party 聚会，像超女一样想唱就唱，勇敢的自我展示人性最不羁的一面。

他们七个人的性格迥异，又因兄弟般的友情联系在一起，一起将个性碰撞，将激情挥洒到极限。

竹林七贤犹如魏晋天空上闪烁的北斗七星，指引着魏晋文人们奋斗的精神方向，他们的生活方式掀起了魏晋风尚和隐士文化的新高潮，让文人们都竞相膜拜效仿。

潮头浪尖上，他们成了魏晋士大夫远航的明灯。

潮人啊，搁今天。

在竹林里与朋友们那一段自由放纵的日子，成为了阮籍一生中最快乐、最值得回忆的时光。

若干年后，当卷入政治的嵇康被杀、山涛背叛，七人曾经的兄弟情义四崩五裂、各自流离，而在那方竹林里隐居的时光，仍宛如从竹叶上投射下来的斑斓光影，令阮籍禁不住悲声长啸。

一枝一叶总关情啊。

在自由、激情与唏嘘下，阮籍写下了大量的优美诗篇抒胸咏怀。后来集结成《咏怀诗》。

阮籍作的《咏怀诗》诗如其人，时而隐晦寓意，时而直抒心迹，表现了诗人浓郁的哀伤情调和自由的生命意识。阮籍的诗形象地展现了魏晋之际一代知识分子痛苦、抗争、苦闷、绝望的心路历程。

一醉六十天
白眼看天下

其中有《咏怀诗》之一："云间有闲鹤，抗志扬哀声。一飞冲青天，旷世不在鸣。岂与鹑晏游，连翩戏中庭？"

阮籍就如一只自由的闲鹤，引颈歌唱着一生的悲欢。

（七）

不疯魔不成活，不神经不成诗。

诗人们大都具备有一颗敏感、柔软而神经质的心，阮籍也不例外。

阮籍的情绪时而像闲鹤的嘴喙一样尖利，时而像闲鹤的绒毛一样柔软。

闲来无事的阮籍喜欢驾着马车，漫无目的地在山林间行走。然而哪怕只是单纯地行走，也会触动诗人阮籍脆弱的泪腺。

某天，他又独自一人驾着马车游山玩水了，阮籍一直走到了太阳落山，天地失色。

阮籍放眼望去，路已被黑暗笼罩得已看不到尽头，就如他迷茫的前途。

在触目可及的黑暗中，遍地都是野草滋长，枯枝横生，乱石凌列，将周围的一切都切割成了碎片。

每个人都是存在于天地之间的一道碎片。

这道碎片也会有情绪、也会有伤痛、更会有追求。

阮籍哭了。

男儿哭吧，哭吧，不是罪。

敏感的阮籍经常会陷入这种莫名的悲伤情绪中，他的忧伤让我想起了悲秋伤月的林妹妹。

无独所偶，事实上还真有曹雪芹是阮籍的粉丝这种传说。曹雪芹的字是梦沅，据说就是梦阮，居然和阮籍有联系。

这样的超级核粉丝，全天下估计也就阮籍有幸得遇。

阮籍的狷狂痴态、朦胧的诗篇、如履薄冰的处境以及对心理平衡的艰难追求都能在《红楼梦》中找得到影子。林黛玉对贾宝玉的那些崇尚自然、追求个性自由的表现默然相契，从不劝他去投身举业，走仕途经济的封建道路，无不透露出曹雪芹的思想。

阮籍和林妹妹大约真是有太多的相似之处吧。阮籍住在竹林，林黛玉也爱竹，她的别名为潇湘妃子。

然而我窃以为，阮籍不像宁折不曲的竹，而像一棵墙头草。一颗能感知劲风的墙头草。

要知道，墙头草也有根。

阮籍的慧根就在黑白分明的眼睛里。

用青眼清醒地欣赏着正义，用白眼伴醉地俯看天下。

他不言不语地对天下的丑恶做着消极的反抗。

消极的反抗也是一种反抗。

或许，阮籍更像是一棵生长在墙头的绛珠草，在乱世中摇曳生姿，摇曳出心中的一片清明。生长出一副悠然的姿态。

这样的草，在魏晋时期，是足以媲美任何一朵灵芝的。

广陵散绝千秋　竹林七贤领袖

【百科名片】嵇康（224—263，一说223—262），字叔夜，汉族，谯郡铚县（今安徽宿州西南）人。嵇康在正始末年与阮籍等竹林名士共倡玄学新风，主张"越名教而任自然"、"审贵贱而通物情"（《释私论》），成为"竹林七贤"的精神领袖之一。嵇康是著名的琴艺家和哲学家，他精通音律，"广陵散绝"体现的是嵇康作为伟大音乐家的悲剧。

（一）

世上有一支高处不胜寒的千古绝唱，你知道是什么吗？《忐忑》？NO，知道你们就要这么人云亦云地抢答，

错了不是。《忐忑》尽管被趋之若鹜者膜拜为神曲，但离绝唱尚有一定的距离。

绝是什么，抠抠字眼儿，前无古人后无来者啊。

《忐忑》不是绝的，不信你稍微留一下神，只要有母鸡下蛋、公鸡打架、杀鸡待客的场合，你的双耳便能免费欣赏到《忐忑》这首歌的雏形。

聪明的作曲家充分借鉴了人们吃要原味的，喝要原汁的，玩要原生态的心理，来了个听要原声的。把草堆里母鸡的咯哒声、公鸡的打鸣声、雏鸡的啄米声、肯德鸡的抹脖子声深情并茂地融合在一起，然后再加上音乐和鼓点的伴奏，观众们便以为听到了什么天籁之音，于是乎就自然而然惊为神曲了。

这倒也没错，非常符合艺术来源于生活高于生活这一恒古不变的真理。

同时还以铁的事实证明，艺术在民间。

浩瀚的民间究竟隐藏了多少艺术，最终又殒落了多少绝活？这是个值得发人深省的问题。

夜空中殒落的流星，总是让人觉得无限的美好和唏嘘。

消失的，才是最完美的。

这让我想起了历史上的那个生如闪电之耀芒死如彗星

之迅忽的嵇康，是的，嵇康。这个男人就像七月的流星一样璀璨，在魏晋朝代的黑暗天空上呼啸着一闪而过。

嵇康临终前，手抚古琴一曲，仰望天空留下悲怆的遗言："《广陵散》今绝矣。"

随后，摔琴，弦断音消；受刑，血溅五步。

《广陵散》一曲自此随着嵇康的逝去，成为了天地间永远的绝响。

金庸先生的武侠小说《笑傲江湖》一书中，也零零星星地穿插着《广陵散》的有关言论。

这本洋洋洒洒的武侠名著中，有关《广陵散》的信息虽然很模糊很凌乱，或三言两语，或一笔带过，但仍令武林中人血脉贲张。想一想，何等的诱惑。

比如，向问天道："在下有一部《广陵散》琴谱，说不定大庄主……"他一言未毕，黑白子等三人齐声道："广陵散？"秃笔翁摇头道："自嵇康死后，《广陵散》从此不传，向兄这话，未免是欺人之谈了。"

……黄钟公道："听说少侠有《广陵散》的古谱。这事可真么？倘若此曲真能重现人世，老朽垂暮之年得能按谱一奏，生平更无憾事。"说到这里，苍白的脸上竟然现出血色，显得颇为热切。

广陵散绝千秋
竹林七贤领袖

　　《笑傲江湖》中的《广陵散》曲谱，是由一代大侠曲洋耗费了数十年光阴，挖盗了数十个古墓才终于有缘觅得。当然，这些只是小说中虚构出来的情节。事实上，《广陵散》早已随着嵇康乘风归去不再琼楼玉宇了。

　　正是如此，才让天下人发出此曲只应天上有，人间哪得几回闻之无尽向往的感叹。

　　毋庸置疑，《广陵散》就像一个谜一样的美人，已在人们的视野中如花一般远隔云端；然而，与之紧密相连的嵇康，却尤如在水墨画中峻峭挺拔的高山，似乎只消几根线条便能清晰地勾勒出他凸显的个性。

（二）

　　再犀利的哥碰到嵇康都会甘拜下风。

　　嵇康不仅相貌长得英俊，身材也很魁梧，气质更是出众。若他步行在香港的繁华大街上，慧眼的星探们、美女们一定都会蜂拥而上抢着搭讪的。如果他的音乐天赋被伯乐们发掘了，那么整个文艺界的偶然派、实力派的才子帅哥们全部都会黯然失色的。

不，不，这样说似乎太过于浅薄了，是对嵇康的大不敬，嵇康压根就不屑于把自己归类于才子帅哥的范畴。

穿着宽衫大袖的嵇康行走在山林间，偶遇的山民们见到他都惊呼见到了天上的神仙。

瞧见没，飘逸如仙不入凡尘的嵇康自华到什么境界？简直就是一种可以媲美斯德哥尔摩症候群的气场啊。

斯德哥尔摩症候群，是指被害者对于犯罪者产生情感，甚至反过来帮助犯罪者的一种情结。在一九七三年的瑞典曾发生过一起这样的特殊案例。

而我国魏晋时期的嵇康案件，是否也引发了一次类似于斯德哥尔摩的症候群？

如果，嵇康真的是犯罪者的话。

据说，罪犯嵇康被押赴刑场那天，三千太学士聚集在刑场周围，齐声为嵇康请命，现场一片悲声。

是什么样的情感让三千太学士甘愿冒着对抗朝政的危险，想要挽救嵇康的性命？

嵇康外形像神仙不假，但是在三千太学士的眼中，嵇康的内在更是超然物外。

风骨超然，正直不阿是他的精气神所在。

广陵散绝千秋
竹林七贤领袖

他，不仅是"竹林七贤"的精神领袖，更是魏晋文人们心目中崇尚自由的英雄。

其实，嵇康并不想做一个领袖或是英雄，对于那些高尚的虚名，他似乎更热衷于养生和音乐。

嵇康喜欢养生，他坚持喝"五石散"这种药方。魏晋时期，服用"五石散"像喝咖啡一样，风靡开来便成了一种品位。一旦服用便面色发赤，浑身发热。嵇康在"五石散"的作用下如梦如幻地弹琴作歌，如痴如醉地研究着深爱的哲学，追寻着精神上的净土。

不知是不是"五石散"的幻觉催生了《广陵散》的神秘。

据嵇康宣传，在一个月高风急的夜晚，他独自在房间里弹琴，突然从外面飘来了一位神秘的古人，传授了他《广陵散》后，又飘走了。

注意，是会飘来飘去的古人哦。

这是穿越？恐怖？悬疑？还是科幻。

总之嵇康成功地吸引住了人们的眼球，赋予了《广陵散》一个风华正茂的开端。

嵇康的怪论让人感到神奇，行为让人感到稀奇。

在我的想象中，音乐家和哲学家们都应该是学者的模样，大部分时间都在创作或思考。

然而嵇康不是，嵇康最喜欢的运动，是打铁。

莫非他要把铁一般的意志融进《广陵散》中？

烧起火红的铁炉，拉起炙热的风箱，抡起粗重的锤子，伴着身势的一仰一合，铁锤一下一下猛烈地击打在发红的铁块上，清脆浑厚的撞击声伴着四冒的火星一闪一烁地在竹林里震开，震动得竹叶都情不自禁载歌载舞起来。

只有淬过火的好铁才能成钢，同样的，只有淬过火的曲调才能流传千古。

司马昭跟前的红人钟会慕名来拜访嵇康时，嵇康正在打铁。

嵇康知道，钟会是为他的《广陵散》淬火来了，以另外一种方式。

钟会还记得很多年前——当时他还是无名小卒，他拿着自己精心写下的文章，在嵇康的竹林门前徘徊了良久，

广陵散绝千秋
竹林七贤领袖

· 101 ·

却不敢贸然去敲门。思虑再三，他隔着院墙将文章丢了进去。

呵呵，钟会这一举动，无疑成为中国文人最早期的"投"稿鼻祖啊。

初次投稿大多数会杳无音讯，投稿鼻祖钟会也不例外，嵇康对钟会的文章未做只字点评。

是不值得，还是不屑？钟会始终没勇气前去一问。

他是那样祈盼得到嵇康的指点，渴望沾到点名人的光环。

像月亮一样，自己不能发光不要紧，可以反射太阳的光啊。

文章虽如烂泥一般沉入了大海，钟会的前途却靠自己破釜成舟扬起了风帆。

若干年后，自卑的钟会背叛父亲，投靠司马昭。他在政海中沉浮，终于在政坛界熬得了一席之地。

今天的钟会大权在握，杀伐气十足，衣饰华贵。自卑已成为了过去，他钟会骄傲地杀回来了。

哼哼，此一时彼一时。

志得意满的钟会在门前整了整衣衫，终于神情倨傲地跨入了嵇康的竹林。

嵇康在他的心目中曾经像神圣一样令他不敢亲近，而今天，他大可以平起平坐地跟嵇康一起指点江山激扬文字了。

打铁要趁热，交朋友也要趁热。钟会认为以他现在如日中天的身份地位，足以令嵇康虚位以待了。

洋洋不可一世的钟会趋入竹林时，赤膊的嵇康正聚精会神抡着铁锤打铁，确切点说是沉浸在对《广陵散》创作的旋律中，对于钟会的到来视而不见。

场面很尴尬，钟会内心很纠结。

嵇康一不抬眼瞧瞧自己，二不起身倒杯热茶。让他的勇气遭到来自心底的质疑。是不值得，还是不屑？钟会脑海再一次浮上这个令他苦苦思索很久不得其解的问题。

嵇康回应客人钟会的，只有一下一下不疾不徐的打铁声。当哐、当哐，挟带着狂热与激昂，如同万马奔腾中的烈马蹄声，迅疾无比但又节点分明。

也许，在嵇康耳中，打铁本身也是一种音乐。那是一种最原生态的节奏。

难道嵇康打铁也是为了像《忐忑》一样，要用铁的事实来证明艺术的确来源于生活吗？

一直以来，嵇康都沉浸在如何体现种劳动人民反抗精

神的艺术构想里，他打铁的节奏清晰分明、立场坚定，传递出来的冲天的豪情，独具的匠心。

这种高深的音乐，独特的行为艺术岂是钟会之流能够领会的？

被视若无物的钟会面带愠色地站在嵇康旁边，看到铁炉里蓝色的火焰像金蛇，一边舔舐铁块一边在铿锵有力的击打声中婆娑狂舞。

他的心因为愤怒而扭曲。

人，究竟是因为什么而骄傲？是因为外在的富有，还是因为内心的高贵。

（四）

原来，在钟会心中，嵇康高不可攀；在嵇康眼里，钟会却是俗不可耐。

冰火两重天的两个极端啊。这是。

嵇康不喜欢虚伪奸诈的司马昭，更不喜欢趋权附势的钟会。

趋权附势能够富裕自己的物质，但会贫瘠自己的精神。

嵇康是个理想的精神主义者。

朋友们追随嵇康，就是因为他真诚率性，从不委屈自己的心灵，还与他一直孜孜不倦地追求独特的艺术特色，期冀在《广陵散》里揉进自己的思想内涵分不开。

受到冷遇的钟会准备撤退。

嵇康的态度让他极不痛快，钟会又一次感受到了很多年前，在嵇康竹林前徘徊时的渺小和自卑。

这一次更惨，兼有无地自容的感觉。

都说人生只若初见。

可钟会和嵇康的初见却并不美好，彼此留下的，只有不愉快的回忆。

突然，嵇康抑扬顿挫的打铁声静止了，钟会只听到周围竹叶颤动时传来的沙沙声，铁炉里的火苗腾地变得半明半暗。

半响，钟会听到嵇康的声音在徐徐发问："何所闻而来？何所见而去？"

钟会缓缓回答："闻所闻而来，见所见而去。"

——你听到什么而来？见到什么要走？

——听到了该听到的而来，见到了该见到的而走。

从此，这两句摸不着头脑的对话在历史上出了名，被录自《世说新语》。如同高手过招在比拼内功，外人是瞧

广陵散绝千秋
竹林七贤领袖

不出端倪的。

艺术之美，在于让人一头雾水。

嵇康玩音乐顺带连说话都带有了艺术性，让我不得不服。

原来，能让人走火入魔的不止是武功。

嵇康也研究玄学，玄学研究深了，说话也如此玄乎。

不肯甘拜下风的钟会心怀怨忿，回去后就将他见到嵇康的情形添枝加叶地转述给了司马昭，更加将没有见到的猜想也添油加醋地汇报了一通。

对那一问一答来了个有取有舍。

钟会说，嵇康是条卧龙。卧龙相当于是诸葛亮的近义词。

自己领地的竹林里稳居着一个像诸葛亮一样的人物，那还得了？

更重要的事，从钟会掺杂大量水分的话里司马昭得知，嵇康喜欢打铁，仅仅打铁那么简单？那是有打造兵器的嫌疑啊。

钟会单单不提嵇康的《广陵散》里有着金属一般的音质。

这样的人物，不得不防。司马昭眼里露出寒光。

有一个童话，大象因为瞧不起老鼠，便被老鼠钻进象鼻子里把它吃了。

现实远比童话残酷，嵇康正是因为这次对钟会的小冷淡，引发了他日后人生中的大悲剧。

（五）

早早地为嵇康的命运做出预言者，是隐士孙高。

孙高对嵇康说，你呀，才华出众，性情刚烈，哪里能幸免啊。

一个人才华出众，性格也锋芒毕露的话，难免会遭人妒忌。

阮籍也有才华，但他懂得变通。阮籍不喜欢司马昭，就借酒装糊涂，偶尔还服一下软。于是司马昭对阮籍来了个不理会，最终阮籍以自己白眼看天下的方式活到了五十三岁。

嵇康和阮籍一样有才，但他的性格比阮籍要刚硬。

如果说阮籍是墙头疾风中可起可伏的劲草，那么嵇康就是一根山雨欲来时宁折勿弯的刚竹。

所以，当"竹林七贤"之一的山涛背叛，投靠了司马

昭时，阮籍只是面无表情地在家里摇头翻白眼，嵇康却性情刚烈地立马给山涛写了一封绝交信。

山涛离开竹林时，心情是复杂的。

他喜欢竹林的这一帮朋友们，尤其是嵇康。

那时大家都远离朝政，朋友们性情相投，意气风发。

山涛不服药，也不梦幻。他年龄最长，最终慢慢地向现实低下了高贵的头。

司马昭已掌权，非一己之力能够反抗，再这样虚无飘渺地隐居下去是不现实的。

以前，山涛也像嵇康一样，是个理想的精神主义者。

可是，理想终究要向现实低头，权衡再三，山涛的理性终于战胜了感性。

好男儿当然都想修身齐家治国平天下，可治国平天下不是所有人都有机会的，那就退而求其次吧，齐家。

成熟起来的山涛离开了竹林，不再参与朋友们不现实的精神讨论。总的来说山涛还是有道德底线的人，苟富贵了还勿相忘，积极帮朋友嵇康推荐工作，山涛认为像嵇康一样有才华的人，不应该在竹林中埋没，嵇康应该过上更理想、更有质量的生活，这样才有可能向治国平天下的理想靠近。

最起码，他呕心沥血创作的《广陵散》有机会成为国歌吧。

骄傲的嵇康岂是能拾人牙慧之徒，嵇康愤怒了。

山涛你可以有自己的选择，但你不能触及我的尊严。包括《广陵散》的尊严。

冲动是魔鬼。尊严呢，是引魔鬼上身的诱饵。

为一己尊严而冲动的嵇康给山涛写了一封言辞激措的绝交信，山涛你自己没有高尚节操也就算了，居然还想拉我趟这样的浑水。算我瞎了眼，交错了你这个朋友。

嵇康的绝交信不仅刺痛了与他结交二十年的好友山涛，还得罪了另外一个人——司马昭。

原因很简单，绝交信中有一句话赤裸裸地把矛头直接指向司马昭，非汤武而薄周孔。

司马昭正在以儒家之道粉饰自己的篡位夺权，而嵇康将儒家的汤武、周公、孔子统统抨击了。

汤武是以武力平定天下的，周公是辅佐成王的，孔子呢，是崇尚尧舜的，要知道，尧舜时期是禅让制。这些人嵇康都说不好，那让篡位的司马昭，用什么高尚的理由去欲盖弥彰呢？

总得给司马昭留一块遮羞布吧。

名士嵇康作为魏晋的公众人物和文人的精神领袖，说话一点儿也不谨慎。

一句话激起了千层浪。嵇康也没想到自己的一言一行已经成为那个时代的风向标了。

曾被嵇康鄙视过的钟会一听到了这句反动言论，那个如获至宝啊，一溜烟地跑去给司马昭打了小报告。

像嵇康这样带头反儒的所谓气节之士，应该当烂白菜一样砍掉。

司马昭听闻后一声冷笑摇手制止，嵇康是魏晋文化人的精神领袖，不是不杀，时机未到。

（六）

对主子司马昭心领神会的钟会终于瞅到了让嵇康入狱的好时机。

自从山涛背叛了友情，曾经的"竹林七贤"跟随着土崩瓦解。嵇康频服"五石散"，在药物的催发下，嵇康愈发显得脾气暴烈，尤如脱了缰的烈马。

《广陵散》是不是非得依赖五石散才能激发嵇康的创作激情，或者灵感？不得而知。人们只知道，《广陵散》

的旋律日趋激昂，大有鹤飞冲天之势，其间夹杂着金戈铁马的雄浑气魄。

烈马再怎么脱缰，也跑不出政权者的统制范畴。鹤再怎么冲天，也飞不出一弯苍穹。

事件本来与嵇康无关，但耿直的嵇康偏要出头，不然世间没有公理。

吕安是嵇康的朋友，吕安的漂亮老婆与弟弟吕巽叔嫂私通。奸情败露后，吕巽恶人先告状，一张状纸反告吕安不孝。

倒霉的吕安被投入大牢，奸夫吕巽反而逍遥法外。

有朋走遍天下，吕巽其实是托了朋友的福。事不凑巧，还记恨着嵇康的钟会就是吕巽的朋友。

其实只要用头发梢琢磨一下，便知道在这起桃色事件里，是钟会在袒护吕巽。

21世纪的河北撞车事件，让大家知道了有人的爸爸是李刚；魏晋的吕巽偷情事件，让大家了解到还有一种人的朋友是钟会。

但是，我们的周围还存在着一种朋友。

他的名字，叫嵇康。

吕安的朋友嵇康再次愤怒了。在《广陵散》愈发成熟

的旋律中，一身正气的嵇康又向吕巽写了一封绝交信。

有一种动口，其实比动手还狠。

那是正直文人手中尖锐的笔，如鲁迅，如嵇康。

嵇康的这封绝交信很短，不足五句话："无心复与足下交也。古人绝交不出五言，从此别矣。临书恨恨。"

临书恨恨，道不尽对黑暗交易的鄙夷。

他曾经给山涛写过绝交信，那封信写得洋洋洒洒，还残存着对友情的追忆和眷念。

如果说山涛的选择是对现实的迫不得已，那么吕巽倒打一耙的行为就是纯粹地龌龊不堪。

这次，嵇康懒得多说话。

钟会一直都记恨嵇康。

在嵇康的正直光芒照射下，钟会永远像阴暗角落里滋生的细菌，见不得天日。

多年前，钟会去竹林拜会嵇康时，嵇康打铁炉里舔舐的火苗，还有打铁时响亮的敲击声，已深入骨髓深处成了钟会的心病。

嵇康打的不是铁，他打磨的是做人的骨气。

钟会害怕再次听到嵇康的打铁声，更不希望听到嵇康《广陵散》琴声里那飞扬的旋律。他固执地以为，那里面隐藏着嵇康对他从不曾间歇的冷嘲与热讽。

其实，小人钟会误会君子嵇康了，坦荡荡的嵇康哪有闲心常戚戚这些小肚鸡肠的琐事啊。

《广陵散》一曲里更多的传递的是嵇康对那些传世久远、名目堂皇的教条礼法不以为然，对那些乌烟瘴气、尔诈我诈的官场仕途的深恶痛绝。摆脱约束，释放人性，回归自然，享受悠闲是他人性最完美的表述。熊旺的炉火和刚劲的锤击，正是这种境界绝妙的阐释啊。

然而这次，嵇康给吕巽的绝交信中的一字一句又铿锵有力地在钟会的耳边敲打，导致民意对吕安案件浪潮一般波涛汹涌起谤议和沸腾。

嵇康的嘲弄，尤如法海除妖时日夜敲击不停的木鱼声，在钟会耳边萦绕不止。

法海除的是人间的妖，嵇康除的是人间的恶。

嵇康让钟会感到头痛，要想眼不见为静，耳不听为明，很简单。钟会以触犯礼教之名将嵇康关入了大牢。

在牢中，嵇康写诗，睡大觉，唱歌，就是不向恶势力屈服。嵇康打从出生，他的处世哲学就没容他长出一颗可以屈服的心。

大牢内外传开了，嵇康视死如归。嵇康的铮铮风骨激

广陵散绝千秋
竹林七贤领袖

活了太学生们的热血。

嵇康俨然成为了道德的领袖。

太学生们四处游行、上书，要求尽快释放嵇康。

钟会没办法，跑到司马昭处捏造罪名，嵇康想要造反。

司马昭看到了太学生们拥戴嵇康的阵势，忍不住想起了钟会对嵇康的评价，嵇康是一条卧龙。

嵇康的确具备了给民众洗脑的潜质，他那套哲学思想太可怕了。

哪天嵇康五石散服多了，觊觎起自己的位置来，那还不是振臂一呼应者云集啊。

卧榻之侧岂容他人鼾睡？司马昭动了杀机。

嵇康，非死不可。

（七）

嵇康平静地饮下了人生中的最后一壶烈酒。

他一向不修边幅，今天却身着干净的衣衫，缓慢安静地走向刑场。

他的身材还是那样地挺拔，相貌还是那样地清晰。

牢里的阴暗与潮湿并没有让嵇康发霉，在太学生们的眼中，嵇康的周围正散发着五彩一样的光芒。

刑场边，三千太学生在喧哗、在沸腾、在抗议。

朋友阮籍为嵇康送来了古琴。

嵇康坐在刑场上，抚着古琴的弦，忆起了竹林七贤们曾经围绕着古琴谈笑风生。

而如今，有的背叛了、有的出走了、有的沉寂了、有的投靠了。

就连自己，也马上要被处决了。

嵇康默默地看着刑场周围群情激动的太学生们，右手一扬，轻轻地抚响了手中的琴弦。

弦声一响，刑场上的喧闹声渐渐小了。

在激昂的弦声中，太学生们仿佛看到了勇士聂政携琴而来。

韩王将聂政的父亲残酷杀害了，多年以后，为父报仇的聂政归来了。

满怀仇恨的聂政已学到一手好琴艺，他毁掉自己的容颜，砸碎自己的牙齿，弄哑自己的声音，易容接近了韩王。聂政在宫外弹着琴，围观者都水泄不通，连马和牛都停住了嘶叫。

正如此时此刻，嵇康在刑场上旁若无人地、激昂地抚

广陵散绝千秋
竹林七贤领袖

弄着古琴。

太学生们止住了喧哗，沉默地看着刑场上风姿绰约的嵇康，倾听着向强权怒吼而悲愤的琴声。

琴师聂政已混入宫中，他正将匕首藏在琴腹。聂政弹着琴，他趁韩王听得忘神，一刀刺进了韩王的心窝。

弦声忽然从激烈转向悲情，聂政自刎了。

嵇康的琴声戛然而止，激昂的琴声久久地回荡在刑场周围。

这首具有戈矛杀伐战斗气氛的乐曲，音乐旋律激昂、慷慨，气势如虹、声势夺人，直接表达了被压迫者反抗暴君的不屈精神。

太学生们开始轻轻悲泣。

跟太学生们的悲泣恰恰相反，嵇康脸上露出了久违的笑容。谢谢司马昭，谢谢钟会，给了他这么一个绝佳的机会，提供了这么一个伟大的平台，让自己潜心谱写的《广陵散》这千古绝唱有走出竹林开在大庭广众之下的机会。

末了，在太学生心醉神迷在音乐带来震撼中，嵇康仰天长叹："《广陵散》今绝矣。"

随后嵇康站起身，奋力摔断了古琴。

曲终人散后，是血溅五步。

（八）

嵇康死了，《广陵散》绝了，魏晋的风尚却因此走向了一个新的高潮。

古往今来，有多少文人骚客热情追捧着魏晋风尚。

那是一个人唱响的时代旋律，一个时代旋律奏响的高音符啊。

人，要活得像嵇康一样活出自我，像嵇康一样个性鲜明。

做人要分辨黑白，做事要精彩绝伦。

在自然环境、人文精神被大面积污染的今天，人们的道德感、价值观也被逐渐模糊。物质和精神哪一个更需要人坚守？

呼吁道德和自我保护哪一个更为重要？

人类的精神净土已经被遭袭了一场又一场的狂风骤雨，被融解在世俗的物质里随波逐流。

而嵇康一样的精神却宛如广陵散的琴声，在人们的记忆中千年不绝萦绕不散。

嵇康一生都爱好服食"五石散"，希望通过"五石散"

的药力取得养身和精神上的净土。

殊不知，在很多时候，借助外力只是一厢情愿之举，稍有不慎，人就会被外力所侵蚀。

净土就在每个人心中。

只是，我们不自知而已。

推敲二字传千年　何惜囚身人世间

【百科名片】贾岛（779—843），唐代诗人。汉族。字浪（阆）仙。唐朝河北道幽州范阳县（今河北省涿州市）人。早年出家为僧，号无本。自号"碣石山人"。受教于韩愈，并还俗参加科举，但累举不中第。唐文宗的时候被排挤，贬做长江主簿。唐武宗会昌初年由普州司仓参军改任司户，未任病逝。

（一）

生活让强者感觉无聊，让弱者感觉无奈。

这不是一句大而无当的口号，在网络上流行一下子就烟消云散的，让我们把时光回溯到千年前的唐朝吧，悲天

悯人的贾岛正呆在寺庙里长吁短叹，强烈感受着生活赐予他这样一个身为弱者的无奈。

跟午后开得正灿烂的阳光相比，贾岛却被禁足在寺庙里发着霉。

他很想到大街上走走，去晒晒太阳，看看尘埃如何在眼光中翩翩起舞，可惜，他没有资格，午后的阳光于他来说是一种奢侈。

因为，他是个唐朝的和尚。

盛唐啊，多么令人向往的一个时代啊，可此时的贾岛却成了这个时代的阴影，如同太阳自身也有黑子一样。

没有最无奈，只有更无奈。这无疑是贾岛心里的画外音。

鉴于我国各大都市由于交通过于拥塞引发的问题，很多城市及时发布了按车牌尾号限行的政策，不知唐代的洛阳是不是为了提升城市形象，琢磨出了禁止和尚午后出门的方法。

真是人比人气死人啊。唐代对和尚的人格太歧视了，这令贾岛很不高兴，我也严重不高兴，歧视和尚跟歧视女性都是歧视的一种。兔子死了狐狸都晓得悲伤的。

社会为什么这么不公平。

贾岛忧愤之下自然牢骚满腹，不如牛与羊，犹得日暮归。他太向往身体的自由了。

唉，太悲惨了，连牛羊都能日出晚归，我贾岛怎么就牛羊不如啊。

太平淡、太清苦的寺院生活让贾岛过得食不甘味。他每天的日子就是诵诵经、扫扫地、偶尔也思忖一下人生，埋怨自己为什么没有一个好的出身？为什么没有好的家境？别人家的孩子都官做，为什么自己年龄轻轻偏要当和尚？连出行都要受限制。

年复一年、日复一日的悲伤雾一样地笼罩在贾岛的心头。

雾也有拨开乌云见天日的一天，贾岛什么时候才能见到天日呢？

埋怨在心里纠结得太久了，贾岛就开始写心情日记：市中有樵山，此舍朝无烟。井底有甘泉，釜中乃空然。我要见白日，雪来塞青天。坐闻西床琴，冻折两三弦。饥莫诣他门，古人有拙言。

诗歌意思是说，市集中有堆成山的柴草，我家大清早就断了炊烟；井里有用不尽的甘泉水，我锅里却无米可煮。我希望见到温暖的太阳，灰蒙蒙的天空就塞满大雪……

· 121 ·

这种家境简直太贫穷了啊，连我都想为特困户贾岛去申请低保指标了。

和贾岛一样，每个初涉社会的年轻人都曾有过这样的人生低谷。美好的青春在灰蒙蒙的前景中消耗；暗窥着老板的面色；吃不完的盒饭；打不完的材料……

迷茫的青春啊，怎一个怨字了得？

贾岛情绪不好的时候，就会将坏心情疏导于文字。这点倒有些类似于我爱写 QQ 心情，爱发新浪微博哟。

看来古往今人都一个毛病，喜欢动不动来点心灵的倾诉。

忧郁的和尚贾岛渐渐转变成了如今正疯狂流行的文艺屌丝。

前程虽然见不到阳光，但心理必须调节得健康。

日子可以过得无奈，但不能因此变得无聊。

（二）

兴趣变成了习惯，习惯也培养着兴趣。

渐渐地，写诗成了贾岛每天的必修功课，写完一首诗后的乐趣甚至超过了本身对环境的埋怨。

这就像沉迷于美好爱情中的感觉。有了发泄渠道了，好。

诗就是贾岛的初恋，她的每一根发丝、每一缕笑容，都牵扯着他最敏感的神经，与诗无关的一切在贾岛眼里都熟视无睹了。

现实的环境虽然牢牢地约束禁锢着他，文字却能带他到另外一个天马行空的自由世界。

昨夜，贾岛去拜会老朋友了，又据此新写了一首诗：

> 闲居少邻并，草径入荒园。
> 鸟宿池边树，僧推月下门。
> 过桥分野色，移石动云根。
> 暂去还来此，幽期不负言。

贾岛捧着这首诗翻来覆去地念，总觉得诗里似乎少了一些点味道。如同今天的厨师做菜，缺了能让清水变鸡汤的味精。

当贾岛思索得正入神的时候，师兄敲门让他去化斋。

对了，敲门，敲。贾岛眼前一亮。

是"僧推月下门"较好呢？还是"僧敲月下门"更

推敲二字传千年
何惜囚身入世间

123

棒呢？

　　骑着毛驴的贾岛捧着钵盂在大街晃荡。

　　一直都想出来逛逛的贾岛，这次终于解禁上了街，应该是脱了缰的小毛驴一样欢快吧，偏又因为"推"和"敲"两个字的缘故，令贾岛上街了也觉得心不在焉了。

　　一同出来的小毛驴倒是兴奋，随心所欲地到处遛跶。

　　骑在驴背上的贾岛一会儿用左手模拟一下敲门的动作，一会儿用右手尝试一下推门的动作，嘴里还"推"一下、"敲"一下地念叨着。

　　善哉。善哉。走火入魔了啊，这是。

　　正认真纠结着呢，贾岛突然感觉自己的胳膊同时被人架住了，腾云驾雾般一下子把他从毛驴上撩在地下动弹不得。

　　贾岛回过神一看，原来自己只顾神思恍惚地思索，沉浸在推敲两字的置换中，没留神毛驴闯到官道上去了。

　　正巧与市长大人的马队撞上，未曾回避的贾岛自然被官兵拿住了。

　　敢情官兵们还以为贾岛正坐在驴背上公然地对市长大人指手划脚呢。幸好唐朝那会儿不存在严打维稳一说，不然一定会把贾岛当寻衅滋事者抓起来。

这个市长大人不是别人，正是诗人韩愈。韩愈今天心情很好，没怪罪于他也就罢了，为体现自己仁义执政，顺嘴还问了贾岛一句，和尚，你为什么乱闯官道啊？

贾岛估计是天天下午憋出毛病了，不仅不诚惶诚恐请求赎罪，还来了个实话实说，小人正在想是用"推"好呢？还是用"敲"好呢？跟着贾岛道明原委把诗背了一遍。

算贾岛运气好，韩愈也是个诗痴。

而且还有点好为人师，当下韩愈哈哈一笑，说，我看还是用'敲'好。万一门是关着的，推怎么能推开呢？再者去别人家，又是晚上，还是敲门有礼貌呀。而且一个'敲'字，使夜静更深之时，多了几分声响。静中有动，岂不活泼？

贾岛一听，茅塞顿开，拍手称快，心里一下子不纠结了，再三拜谢韩愈。

一字之师啊。这是。

好为人师的人大都爱才，韩愈也概莫例外，他说，和尚，我看你还有些才气，并且又好学上进，不如还俗去考科举呢。

还俗？考科举？

韩愈的一句赞赏话似乎点燃了贾岛心中的一盏明灯。

推敲二字传千年
何惜囚身人世间

125

知识改变命运，也许科举真的能让他能离开寺庙这个无聊的地方。

贾岛动心了。

是机会跳槽了。有韩愈市长大人的明示呢。

（三）

心动就要行动。

贾岛还了俗，蓄了发，悬梁锥股，认认真真地备考，准备参加科举考试。

没想到这一考，就考去了贾岛十年光阴。

为什么？屡战屡败、屡败屡战啊，贾岛在考场上化身成了一只打不死的蟑螂小强。

每次落榜，贾岛就在家怨天尤地，烧诗焚稿，骂考官没眼光，骂完了又诚心诚意地烧香偷拜考试必过神。

这让我想起网上流行的一句话来，怀才如同女人怀孕，日子长了就会显露出来。

功夫不负有心人，人家女人是十月怀胎，贾岛倒好，在怀才了第十年的时候终于考中了进士。

由此可见，贾岛同学的学习天分并不是很好，但贵在他有百折不挠的精神。埋怨归埋怨，正事可是要做的，不达目的绝不罢休。

好不容易考中了进士的贾岛一下子心满意足了，该轮到国家给他包分配了，工作问题不用愁了，再也不用回到当和尚的苦日子了。

金榜题名的贾岛信心百倍地扬起了生活的风帆，准备向新生活出发了。还不忘写下豪情四射的诗一首：

十年磨一剑，

霜刃未曾试。

今日把示君，

谁有不平事。

可惜，流年不利啊。贾岛的霜刃还没来得及出鞘呢，摆不平的事居然落到自己身上了。贾岛一定很后悔那天出门前没认真翻黄历，没仔细挑个黄道吉日。

话说倒霉的那天吧，苦尽甘来的贾岛心情大好，徒步游到一个风景优美的亭子里，忍不住又在纸上吟诗作对。

诗人吗，骨子里大多数是有那么点神经质的。

吟得正高兴，亭子里来了一个衣饰华美的达官贵人，

一言不发地拿起贾岛作的诗放在眼前看。

贾岛那时可能是一根筋搭错了，更有可能是仇富心理犯了，他小时候穷怕了啊，见着穿着气派的有钱人就眼红。贾岛劈手抢过富人手里的诗稿，随口揶揄了一句，您这样的富人天天吃好了喝饱了，哪还有闲情琢磨诗稿啊？

富人不怒自威地盯了贾岛一眼，估计是加深一下对他的印象，然后转身就大摇大摆地扬长而去了。

嘴上不积德的贾岛看着富人远去的背影，心里突然腾起了一阵不详的预感。

果然，贾岛事后得知，那个遭他抢白的富人居然是微服私访的唐宣宗皇帝。

真是晴天霹雳啊。难道是贾岛只拜了考试必过神，忘了拜加官进爵神啊。万能的佛祖啊，好歹贾岛曾在您跟前烧了多年的香油啊。

唐代有好事的诗人记载下了这两件改变贾岛命运的大事，冲撞韩愈队伍的那次是"骑驴冲大尹"，这次抢白皇帝是"夺卷忤宣宗"。

不小心忤逆了皇帝的的贾岛肠子都悔青了，眼睛也急红了，躲在家里连搧自己的嘴巴连甩自己的耳刮子。

哑巴吃黄莲，有苦说不出啊。

都说吃得苦中苦，方为人上人。贾岛可是清苦日子捱过了，也努力奋斗了，末了，到该成为人上人的时候，机会被他自己胡说一通稍纵即逝了。

为什么受伤的总是我？贾岛只顾这么自哀自怨，就忘了古训有言，祸从口出啊。

这就好像网上流行的一个关于八零后的小段子：好不容易大学毕业了，大学不包分配了；好不容易攒够钱买房了，房子涨价了；好不容易进入股市了，股票跌了……

报仇都找不到对手啊。像李白说的，拔剑四顾心茫然。

贾岛的命运可想而知，唐宣宗给贾岛穿了小鞋，被贬到了偏僻的遂州长江县任了个最底层的主簿小官。

这破地方比洛阳的寺庙强不过一篾片，悲催啊。

可怜的贾岛花了十年跳槽，比从龙潭跳到虎穴差离不了多少。

（四）

一朝被蛇咬，十年怕井绳。

遭此命运滑铁卢的贾岛性格变得更内向了，言语越来越少，渐渐地发展成了孤僻的宅男。

推敲二字传千年
何惜囚身人世间

我私下以为，要是当时在唐代流行写白话文小说，贾岛一定会呕心沥血地创作一部教育剧来——《不要和陌生人说话》。

悲催的贾岛从目前看来，命运基本上是到头了，家里没爹妈倚靠，外面没亲戚扶持，提携过自己的贵人韩愈也病死了，自己辛辛苦苦地努力了一场，如摘镜中的花、捞水中的月，白费精力折腾了一场空。

虽然，没人限制他在下午出门了，他可以尽情在阳光下和那些尘埃一起翩翩起舞了，但是，起舞的心情，没了啊。

相当于又重新遁入了空门。

命运给贾岛开了个不轻不重的玩笑，给了他自由的身体，却没给他自由的思想，重将他抛回了不咸不淡的原点。

贾岛现在已经不是和尚了，但是贾岛自己将自己禁足了，他应该陷入更深层的思考，对社会，对命运，对人身。

曾经兜兜转转的生活已被贾岛撕扯成了蜘蛛网，紧紧包裹住了那颗在青春时躁动的心。

当命运不由自己掌控的时候，自己能做什么？

随波逐流？自暴自弃？

贾岛又重新苦吟起了他所热爱的诗。

唯有在写诗时，他才能进入忘我的境界。唯有与诗相处时，他才能尽情地释放内心。

当初他因为一句话改写了自己的命运，现在他也可以用一个字拔高诗的意境。

诗的地盘我作主。贾岛一念及此，眼里开始放出光芒。

禁足禁心下来的贾岛突然觉得现在的生活非常地惬意，不用与人打交道，不用参加不喜欢的聚会，每天的生活除了写诗，就是写诗。

贾岛从此远离闹市中的俗人，抽空就去拜访一些山中的隐士。贾岛认为只有隐士才能与他心灵相通。

那首耳熟能详的《寻隐者不遇》，就是在贾岛寻访隐士时写下的：

松下问童子，

言师采药去。

只在此山中，

云深不知处。

推敲二字传千年
何惜囚身人世间

此时的贾岛已淡忘了十年磨一剑时的豪气，反增添了一种超脱闲逸的情怀。只是被生活捉弄的贾岛，常常皱起眉头，哪怕在他的诗里，也似乎透露着一些说不出的遗憾和忧愁。

看远，才能览物于胸；看透，才能洞若观火；看淡；才能超然物外。

他只是看厌了世事而已。

姚合在诗中形容：发狂吟如哭，愁来坐似禅。

遭受命运打击后的贾岛已处在僧俗之间了。

彻头彻尾的悲情人格文艺男啊。有木有？

（五）

日益习惯孤独的贾岛经常会怀念韩愈，韩愈是贾岛一生中为数不多的知已，更是他为之敬重的老师。

不是所有人一辈子都有这么个知遇之恩的。

韩愈曾赠给弟子贾岛一首诗：孟郊死葬北邙山，日月星辰顿觉闲。天恐文章中断绝，再生贾岛在人间。

这首诗赋予了贾岛作品极高的评价。

因为韩愈的赏识和宣传，很多文人都知道了贾岛。可是大家佩服贾岛的作品之余，更是钦赞他的苦吟精神。

诗人贾岛只要有空就手不释卷，苦吟不辍。他就是诗界中的劳模啊。

这位优秀的劳模对诗痴迷到什么程度呢？据说每到逢年过节，别人家的案几上都摆满了腊鱼腊肉供奉，唯有贾岛家的案几上铺满了厚厚的诗稿。贾岛焚了香，樽上酒，朝着诗稿嗑头拜三拜，再将杯中的酒洒在地并祷告说，这是我一年来的心血啊。

求神拜佛不如靠自己的努力。

贾岛写诗寻求不断的炼意、炼句、炼字，完美挑剔到每一个字。他的每句诗和每个字都经过反复的锤炼，用尽心思推敲修改。

"推敲"自贾岛之后，成为了脍炙人口的常用词，用来比喻做文章或做事时，反复琢磨，反复斟酌，才能得到最佳篇章。

贾岛形容自己写诗的状态为"二句三年得，一吟双泪流"。人们给他取了个封号叫"诗囚"。

他这种执着的态度得到了人们的推崇，影响波及千年，

拥有很多狂热的粉丝。如晚唐的李洞，就"酷慕贾长江，遂铜写岛像，戴之巾中。常持数珠念贾岛佛，一日千遍。人有喜岛者，洞必手录岛诗赠之，叮咛再四曰：此无异佛经，归焚香拜之"。又如南唐的道士孙晟，亲自画了贾岛的画像挂在壁上，朝夕礼拜。贾岛生前虽然信佛，恐怕也不曾想到他身后竟有人因他的诗作而奉他为佛。倘若他在天有灵，也一定会为他死后"成佛"而不再愁眉苦脸，逐笑颜开吧。

贾岛晚年时曾作了一首《夏夜登南楼》，在这首诗里依然带着明显的贾岛特色，清苦、悲伤和遗憾：

水岸寒楼带月跻，

夏林初见岳阳溪。

一点新萤报秋信，

不知何处是菩提。

不知何处是菩提？也许贾岛至死都闷闷不乐、郁郁寡欢，认为自己未曾找到属于自己的菩提。

然而我却认为，菩提其实就藏在他认真推敲的态度中。

命运即使遭遇逆境，人生也不停止推敲。

诚然，贾岛一生都在囚禁自己，但他的诗，何尝又不是囚禁了后世多少尊崇者。

试问这样的囚，要用怎么样的推敲手法，才能给出一个完美的解释。

推敲二字传千年

何惜囚身人世间

一饭之德必偿　睚眦之怨必报

【百科名片】范雎（?—前255），也叫范且（这是汉代石刻中的错误）《史记》中是"雎 ju"字，有书为"雎 sui"字，评书家多读此音，字叔。战国时魏人，著名政治家、军事谋略家。他同商鞅、张仪、李斯先后任秦国丞相，对秦的强大和统一天下起了重大作用。

（一）

范雎的一生，用一句话形容，就是宛若一部畅快淋漓的美国西部惊险大片。

畅快着快意恩仇，淋漓着人际辛酸。

究竟是什么样的际遇成就了范雎的军事与政治才能？

答案是，不公平的命运。

有一句励志语录曾风靡于网络：如果觉得命运对你不公平，不要哭泣，握紧拳头，努力活得光彩动人，狠狠地扇回命运一耳光。

战国时期的魏国人范雎，不可能读到这则励志理论，他只是用了漫长的一生来亲自实践。

看来实践出真知此话一点不虚。

扇回命运一耳光，这一刻的机会，范雎终于等到了。

他终于要见到须贾了，须贾，这个他日思夜盼的仇人。

回想起多年前一幕幕，范雎不由得牙关紧咬，可惜他没了牙齿，上下牙床的碰撞让他的脸看起来既恐怖又诡异，双眼迸出了热泪，浑身愤怒得发抖。他的两条腿像灌了铅似的缓缓向前移动，心里却迫切地要将这多年积攒的力量全部重重地掷向须贾。

君子报仇十年不晚。

十年前，范雎也像今天这样迈动着双腿，脚步却是那样地轻快。当时，他正背着行李跟随在魏国使者须贾身后，受魏王之命一同前去齐国议和。那时，他还是须贾门下一名不起眼的小门客。

作为一名魏国人，范雎一直想为国效力，苦于没有得到重用的机会。因为他一没有钱，不能买官；二没有势，不能要官；三没有人，不能跑官。是个名符其实的草根啊。

须贾府下门客众多，没有人会留意到灰老鼠一样的范雎。直到，在齐国的大殿上。

魏国曾经伙同燕、楚、赵、韩群殴齐国，未曾想齐国在岌岌可危的形式下力挽狂澜，智摆火牛阵反败为胜了。

以多欺少依然众不敌寡，丢人呗，这一丢就丢到历史书籍上了。

识时务识为俊杰。这不，魏王担心齐王报复，马上见风使舵，战败后主动派须贾等一众使者前来修好，提着礼物宣扬和平来了。

刚打完架的两口子还得甜言蜜语好一番才能重修于好，可想而知了，刚打完仗的齐魏两国之间的摩擦让国家这个机器的齿轮还锈迹斑斑呢，可不是几句花言巧语就能来润滑的。理所当然的，受过围殴后的齐国哪里肯依，怎么着也得耍下小性子。

齐襄王的小性子可不小，朝堂之上，逮住机会冷嘲热讽，放肆地讥笑了魏国代表团一番。

没办法，人家的地盘人家做主。经济地位决定家庭地位，话语权在强势的一方，这句话不仅适用于家庭，也同

一饭之德必偿
睚眦之怨必报

139

样适用于国家之间啊。

魏国代表人须贾这只打了败仗的公鸡，抱着必须要和解的目的，小媳妇般的忍气吞声，不敢与后娘般嘴脸的齐国顶嘴，生怕引起进一步的纠纷。

小蚱蜢似的小人物范雎，在旁边瞅着他的顶头上司须贾在齐襄王面前低眉顺眼、点头哈腰、面红耳赤、唯唯诺诺。

那个难受啊。那个耻辱啊。

伴随着齐襄王羞辱的言语和须贾懦弱表现的升级，一个响亮的口号也呼啦啦地在范雎的脑海中揭竿而起，我是魏国人，我爱自己的祖国。

这个热血的念头像一颗投出去的小石子，猛地惊散了广场上一大群白色的和平鸽。

范雎无法按捺住自己的爱国激情。

等范雎意识到自己情绪不对时，他的双腿已不由自主地挺身而出，站在了齐襄王面前。

（二）

责任使人奋进，看来这是个真理。

强烈的爱国责任心使范雎拍案而起，慷慨陈辞："齐湣王骄暴无餍，才致使五国同仇敌忾。如今大王光武盖世，应思重振齐桓公、齐威王之余烈，如果斤斤计较齐湣王时的恩恩怨怨，但知责人而不知自责，恐怕又要重蹈齐湣王的覆辙了。"

范雎一番话讲得义正言辞、掷地有声，而且，还要了一点心机，绵里藏针。

气场，又见气场。既使自己处于弱势，也要在气势上压倒对方。

年轻的范雎因为在齐国大殿上的一鸣惊人，抖落了原先的默默无闻，露出了璞玉般的光芒。

范雎锋芒毕露的才能，让齐国的齐襄王另眼相看之余，却使魏国的须贾觉得刺眼万分。

小跟班范雎不小心抢了领导须贾的风头，相当于小蚱蜢跳到鸡冠子撒野了，这让须贾情何以堪。

原来只配给出差时给领导拎包的范雎，这下倒好，齐襄王热情地将范雎尊为了上宾，好酒加好菜并和颜悦色地侍候着，反而将领导须贾晾成陪客了。

这种感觉的落差就像自己格外重视的上司，居然首先跟穿着西服的司机握了手。

唉，让习惯了前呼后拥的须贾的面子往哪搁啊。这事

一饭之德必偿
睚眦之怨必报

要是传回魏国该多伤自尊啊。

齐襄王也拉下了一国之君的尊贵，诚心诚意地邀请范雎择优而栖，留在齐国为齐效力。人才，走哪都倍儿香。范雎可是草根精英的楷模呢。

范雎却婉拒了："臣与使者同出，而不与同入，不信无义，何以为人？"

信义至上，即使在强大的诱惑面前也不为之所动，高风亮节啊。

留不住范雎的齐襄王怅然若失，只好赠范雎黄金十斤，还有牛、酒等纪念物带回魏国，以示敬重。

面对齐襄王的热情，范雎依然再三推脱。

这时，被冷落多时的须贾发话了，就像天气预报上说的从西伯利亚袭来的寒流，冷冰冰的没有温度，"这是齐国的一番心意，范雎，你就收下吧。"

直系领导既然发话了，范雎自然不好违背须贾的指示，于是惟命是从地收下了齐襄王的厚礼。

范雎万万没有想到，就是这一收礼，便将他卷入了人生的万丈深渊。

那是人生赠予他的另外一种厚礼。

（三）

范雎犯了贿赂罪。私通齐国，出卖情报。他收下的一大堆黄金、牛和酒就是证据。

须贾回到魏国后，立刻在相国魏齐的跟前吹上了耳边风，如斯汇报魏国代表团的的赴齐之旅。

信口雌黄啊。我此刻多想化身为一名威严的执法警官，穿越到须贾面前严肃地亮出拘留通知单："须贾，你犯了刑法第 246 条诽谤罪。你有权表示沉默，但你所说的一切都让做为呈堂证供。"

嫉妒是人性中的魔鬼。

须贾出于私心，不仅掩藏了范雎的雄辩之才和高风亮节，反而将蒙在鼓里的范雎反咬一口。

他是怕，范雎爬到了他的前头。曾经唯他马首是瞻的小弟突然摇身一变成了带头大哥，这样的巨变须贾无论如何也不能接受。

用什么样的手段才能消除人性中的阴暗？

用什么样的明矾才能澄清谎言中的颠覆？

即使是拥有雄辩之才的范雎，也敌不住谎言的巧令

一饭之德必偿
睚眦之怨必报

• 143 •

辞色。

宁可得罪一个君子，也不能得罪一个小人。这个道理谁都懂。然而小人们就好像手机里被迫接收的垃圾短信，无处不在，防不胜防。

我都替范雎感到万分冤枉啊，借用韩寒一句话，这就叫躺在地窖里也中枪。

范雎此时正躺在茅厕的槽沟里，有冤喊不出。

他的满口牙齿已被悉数敲落了，关不了风的嘴巴再也不能唇枪舌剑慷慨陈词了。

他胸前的肋骨也被打折了，曾经之乎者也的书生意气也被压弯了。

范雎身上裹着一张潮湿、冰凉又肮脏的薄席。生死一念间，他感觉到有魏齐请的宾客在往他身上撒尿，尿液渐渐地浸过薄席的缝隙，缓缓地流在他的伤口上……他的耳朵里塞满了须贾的漫骂声，还有很多人在尽情的嘲笑和羞辱，怒斥他是叛国贼。还有数不清的尿骚味和粪便的沼气正不断地强暴着他鼻子的嗅觉。

范雎屏声息气着，这世间，连薄席这一片容身之地都不会属于他，他的人格他的尊严就这样被人随意地轻视和践踏。

尿液打在身上的节奏声和宾客放肆的羞辱声，似乎都隔了一层厚重的毛玻璃，若有似无地粘附在范雎的耳膜上。

过了良久良久，范雎好像听到从遥远的天际传来声音说，他一动不动的，好像死了。

莫不是装死吧。一块石头试探地砸在他的额头上。

范雎更长久地硬住躯干，屏住呼吸，像一只百僵虫蜷伏在一堆秽物中。

走吧。去禀告魏王。范雎听到嘈杂的脚步声飘远了，四周恢复一片静寂，死一般的寂静。

但他没死。

范雎微微的掀开一只眼睛。夜已深了，在茅厕里羞辱他的众人都已不见了，只留下这乌云压顶般的一片阴暗。

直压他的心头。

（四）

天阴了还有天晴的时候，人摔到了低谷还有没有爬上高处的机会？

答案是肯定的，有。

有一个词语，叫一线生机。

一饭之德必偿
睚眦之怨必报

· 145 ·

连死人都有能干的法医替他说话，何况范雎还是尚有一息生命体征的大活人。

即使别人打碎了他的牙齿，他还有舌头可以转动。

即使别人敲破了他的脑袋，他还有智慧可以运用。

即使别人摧毁了他的前途，他还有毅力可以重建。

范雎在黑暗中觑见离自己的不远处还站着一名瘦弱的看守，思索再三，范雎活动起了他的舌头，求你，帮帮我，我已经快死了，我不想死在这个地方，请你通知我的好友郑安平，让他来帮我收尸，他，还有我的家人，事后一定会重重地酬谢你。

还要，在心里咬牙切齿地向魏齐和须贾道一声感谢。他们可以不重用范雎，但不能小看了范雎。他们忘了夺走范雎身上最厉害的武器，就是随身携带的智慧和舌头。

范雎已处在人生的锅底，朝哪个地方看都是回升。既使已是在砧板上的鱼，也得奋力一跳。即使是快煮熟的鸭子，也会张开翅膀奋力扑腾。即使是弹尽粮绝的时候，也绝不放弃对生命的希望。

最后一丝生命的希望，靠范雎尚存的余力紧紧地攒在了手里。或许，是这名被祈求的看守确实缺钱，被范雎许下的酬谢打动了，又或许，是血肉模糊的范雎实在凄凉，看守良心未泯，想成全范雎最后的遗愿。最终，这名侍卫禀告了魏齐和须贾，罪犯范雎已死，尸首扔出，被其家人拖走。

死里逃生的范雎在好友郑安平的帮助下，藏匿于魏国一隅。大街上传来了恸哭和哀乐，范雎知道是家人在为他假装送葬了，那随风飘零的纸钱应该是对他智慧的喝彩吧。

范雎知道，必须要举办一场逼真的丧礼才能瞒过魏齐和须贾对他的追杀。

好一个凤凰烈磐。过去的范雎没了，一个叫张禄的人浴火重生后卷土重来了。

蓄势待发的范雎，让我无端地想起了一句经典的电影台词：我胡汉三又杀回来啦。

（五）

没有理智的复仇等于自杀。

范雎每天蹲在陋室里，一丝不苟地进行详细的国事分析。

估计战国那会儿还没有金融业吧。不然范雎很有可能会进行周密的股票技术分析，挣大把的钱砸死那些拼命踩他的仇人。

一饭之德必偿
睚眦之怨必报

• 147 •

没有钱，就用权。

知已知彼，方能百战百胜。范雎通过对秦、魏、齐、韩、燕、赵六个国家一系列的系统研究，对六国形势已胸有成竹。

范雎如一只金钱豹，静悄悄地潜伏在魏国，耐心地等待着蓄势劲发的时机。

不是不报，时机未到。

报复的时机终于让范雎等到了。半年后，范雎从郑安平口中得知，秦昭王的使者王稽正出使到了魏国。

秦国？范雎似乎听到了来自心脏激动的跳跃声。如果能借秦国之力，助他神不知鬼不觉地逃离魏国是再好不过了。

范雎透过表象看本质，秦国的势力在六国之中正强劲，有树大招风的危险，可范雎更在意的是，大树才能根深叶茂。

目前秦国这棵大树，正患着严重的病根，就是朝政根基不稳。

秦昭王只是名义上当政，实际上，朝政被生母宣太后和舅弟等一干亲戚们所把持，秦昭王在宫中如被缚的困兽，没有办法尽情地施展拳脚。

范雎的计谋，就是要帮助秦昭王咬断缚在他身上的绳索，在政敌手中取得政权，取得秦昭王的信任。

只要依靠了秦昭王这棵大树，供自己乘凉的地方就不会少。

好事多磨，经过郑安平多番周旋，范雎终于悄悄夜见秦国的使者王稽，一番推心置腹权衡利弊后，王稽决意帮助范雎逃魏回秦。

范雎究竟用怎样的方法说服了王稽冒着风险，死命带他回国呢？司马迁先生在《史记》上并没有详细记载。

但是能够想象，心怀报复的人都会想尽方法拼命实现自己的目标。

哦，应该是心怀抱负。

范雎想方设法避开了来自魏国和秦国的耳目，跟随王稽，来到了属于他的新天地，秦国。

新天地也是需要开辟的。

很快范雎就发现，想引起秦昭王的青睐没有那么容易，虽然有王稽的推荐，但秦昭王对范雎并不感兴趣，来自各国的宾客和辩士很多，一个比一个会吹，范雎被埋没在虾兵蟹将中鱼目混珠。

我想一下，可能是因为范雎被毁容后，相貌太丑陋了

吧，面试时的第一印象很重要啊。

除此之外，来自秦昭王政敌的力量也不容忽视，这股力量牢牢地抱成一团，齐心协力地排除异己。

欺生，估计是中国人有生以来没曾断奶的遗症。

一年很快过去了，范雎却连秦昭王的面都没有见到，令他心如猫挠，愈发焦灼不安。

范雎频繁上书，也顾不得要谦逊了，他在信中大言不惭地说，秦国势如累卵，失张禄则危，得张禄则安。然其言只可面陈，不可代传。

看来，范雎认为，人在没有了形象的时候，就不能再装低调了。丑人要多作怪，才能引起别人的注意呀。

范雎自吹自擂的信就像卵石扑通一下掉进了大海，秦昭王把范雎当成傻冒了，他见过的吹嘘之人比河中的虾米还多，何况目前舅舅穰侯正打算越过韩国和魏国，去攻打齐国，国家大事尚且顾不过来，这种狂妄的自荐信自然不予理会。

不甘心放过任何机会是范雎的特色，范雎死缠烂打地再次呈书一封，这次他脑筋转了个弯，汲取了上次的教训，信写得够务实，大致意思是，天下有了英明的君主，诸候就不能专权专利，这是为什么呢？欲知详情，您必须要和我面谈。

你想知道答案吗？那你就来找我呀。范雎频频地对秦昭王放出精心调配的诱饵，等待收线。

既然作怪也引不起秦昭王的注意，那就必须要主动出击，下个圈套。

怎样专政专权？范雎这个直白的提问就像打蛇一样精准地打到了秦昭王的七寸上。

范雎终于争取到了由秦昭王亲自面试的机会。

这次面试机会的争取，就和追女孩一样，要善于揣摩对方心思，还真是项技术活啊。

（六）

范雎敏感地意识到，这次面试将是他咸鱼翻身的好机会。

人不可能一直都走霉运，大难不死的范雎坚信。

在秦宫，范雎终于见到秦王了，秦王正被众人簇拥，众星捧月般地向他走过来。

能在秦王这里实现自己的抱负吗？

范雎想起多年前，自己像一只过街老鼠，被迫关在茅

一饭之德必偿
睚眦之怨必报

厕里由魏国人任意践踏，然后，一只蝼蚁似的哀求看守，忍辱偷生。

偷生，为的是反击。

范雎决定再进行一次漂亮的绝地反击。反正这条命是捡回来的，再赌一次又何妨？

秦王走近了，范雎像木桩一样杵着，不闪不避。

一个宦官立刻上前，怒斥道，大王已到，为何还不行礼？

范雎反唇相讥，哦？我只知道秦国有太后和穰侯，何时有大王？

周围一片哗然。

秦王顿下脚步，开始饶有兴致地打量面前的这个人，这个人脸上布满伤痕，牙齿也参差不齐，然而他无所畏惧的眼睛，让他看见的是信念，传递的是力量。

大将不走小路，好剑却走偏锋。这个人说话做事出其不意，与众不同，非同一般，秦王认为。

秦王屏退了左右，单独与范雎闭门倾谈。

范雎侃侃而谈，建议秦王对齐、楚等距秦较远的国家先行交好，稳住他们不要干预秦攻打邻近诸国之事。而魏、韩离秦最近，应当首先攻打。得到一寸就是一寸，得到一尺就是一尺，通过这样的蚕食，就可以达到兼并六国的目的，实现六国统一。

正是这一番长谈，范雎成就了历史上赫赫有名的"远交近攻"的军事战略。它已经不仅仅是范雎对秦国做出的重大贡献，而是为我国留下的重大军事谋略遗产，为中国的统一奠定了坚实的基础。

秦王不得不服，他采纳了范雎巧妙的军事战略思想，随后坚决反驳了穰侯要首先攻打齐国的打算。

秦国开始整兵了，预备攻打就近的魏国。

范雎站在黑暗中，远眺着魏国的方向，抚摸着自己残缺的牙齿，目光熊熊如炬，魏国，我来了。

（七）

实践证明，"远交近攻"的军事策略是相当有效的，秦国在范雎的帮助下日益强大。

战争，是一个长久而艰苦的过程。

对外，范雎帮助秦国的军事出谋献策，计划逐一吞并六国。对内，范雎帮助秦王变革内政，将穰侯等罢免，放逐到各地，并安置太后于深宫，不得参闻政事。至此，秦国大权终于向昭王集中。

一饭之德必偿
睚眦之怨必报

范雎终于为秦国这棵大树实施了固干削枝，为完善中央集权立下了不容忽视的功勋。

曾在魏国被践踏的一介草根范雎，已一跃而起成为在秦国翻云覆雨的丞相张禄。

秦昭王对他心服口服，视为知已。

朝野上下，无人不识大功臣张禄丞相。

张禄的大名在各个国家都如雷贯耳。

魏国的使者须贾也闻名出使了秦国，他正毕恭毕敬地守候在秦国的旅馆里，等候丞相张禄的召见。

唉，须贾还真是会混啊，同样的岁月，范雎都已混成丞相了，他还在原地踏步做他的使者。

张禄褪下了丞相的衣冠，故意凌乱了头发，换了一身破破烂烂、又脏又臭的衣服，一步一步地接近了仇人须贾所待的位置。

尊贵的张禄特意为见须贾找回了曾经苦难的范雎。

此时的范雎分明已不是过去的那个范雎。

虽然衣不蔽体，面容模糊，却掩盖不住眼中因仇恨散发出来的寒光。

自信于心，沉着于形。范雎一步一个脚印走在大街上，他走得极其扎实，就好像他侥幸逃离了魏国的那个茅厕，所计划出的每一步。

寒风打在范雎的脸上，很快就逃离了，然而寒风曾经刮过脸上时刺骨的记忆，会逃离吗？不会。

就如铭刻在范雎心中，那个巨大的记忆暗影。

打扮得像叫花子一样脏乱的范雎，猎豹一样，悄无声息地推开了猎物须贾的门。

(八)

须贾正必恭必敬地等待着丞相张禄，却意外地看到门外出现了一个又脏又臭的乞丐。

门口的乞丐一言不发地盯着他。

须贾厌恶之下，正准备把乞丐轰出去，眼睛一扫，却发现这个人似曾相识。

乞丐站着一动不动，须贾定睛打量，猛地惊呼，范雎。你还没死？

他乡遇故知，本该相拥相庆的，但这个故知的仇人身份，令须贾惊讶万分。

惊讶之余，须贾看着眼前的这个乞丐，哪里还是年轻时那个风华正茂的范雎？他现在头发凌乱、胡子拉碴、捉

一饭之德必偿
睚眦之怨必报

襟见肘，只晓得盯着他不错眼珠地看，似乎人也变得痴痴傻傻了。

世事无常啊。须贾一阵心酸。

若不是当年自己为了私欲，狠下心肠串通魏齐来害范雎，范雎也不至于沦落到乞讨这个下场。

就算靠阴谋诡计争赢了又如何呢？不中用的时候仍然不中用，人也不可避免地老去了，魏国也快朝不保夕了。

多年前，范雎也曾在他门下做过门客，与他朝夕相处，本来范雎可以在魏国有很好的前途，却因为自己的嫉妒惹是人非。

须贾想起过往，不禁一阵唏嘘，心怀歉意。他拿出自己的衣裳披在乞丐范雎的身上，又亲自为他盛了一碗热饭，添了一碗热汤。

良久、良久，范雎接过须贾的碗，开始一言不发地默默吃饭。

须贾猜不透范雎在想些什么。范雎是在想当年当门客时，也像今天这样安静地吃过须贾的饭？还是想起了在茅厕里时，须贾等众人向他吐去的污蔑的唾沫。

范雎终于放下了碗筷。

须贾一阵寒暄后问，你认识秦国的大丞相张禄吗？这次我办的事情，成败都取决于他，你能否引我去见他？

范雎简短地答，可以。

他为须贾找来了马车，请须贾坐上车，像以前一样自己在前头做马夫。街上的人见到范雎来了，都纷纷自动回避。

范雎将须贾拉到了相府门口。

须贾一路上见行人，还有相府门前的侍卫个个见了自己都唯唯诺诺，丈二和尚摸不着头脑，殊不知自己正配合范雎扮演了一场活灵活现的狐假虎威。

范雎跳下马车，说，您等一下，我帮你通传。说着就旁若无人地走进了相府。

被晾在门口的须贾正在纳闷，终于有人告诉他，刚才走进去的叫花子就是大名鼎鼎的丞相张禄。

须贾闻风丧胆，吓得头发都竖起来了，原来，张禄就是范雎。

网络上有句话说，永远不要得罪女人，因为她有可能成为你的老板娘。

铁的事实证明，男人也不能得罪，因为他有可能掌握你的生杀大权。

（九）

须贾吓得两腿发软，哆嗦着脱去衣衫，赤着胳膊爬到范雎面前，不住地磕头认错。

范雎斜眼看着地上那个鸡啄米样的须贾。

自从须贾陷害他开始，范雎一直都在耐心地等待着这一刻。

用强大的智慧来反抗，比用简单的暴力来报仇更有手段。

须贾，这个人还是一如多年前在齐国大殿上的那样，唯唯诺诺，胆小如鼠。

然而，就是这样一个龌龊的鼠辈，把范雎从魏国逼到了秦国。

没有须贾的污蔑，范雎哪会受到那种非人的羞辱，不经历那种心理与身体上的磨难，范雎哪能达到今天的成就。

范雎想到当初被别人尿液淋身的痛苦，立刻命人拿来一堆草料，像喂马一样地令须贾吃下去。须贾曾让他当众承受过的羞辱，今天他也要还连本带利地还回去。

这真是一部精彩的反转剧啊，由腹黑男范雎亲自导演并上演了，连剧本都不用请人写，有木有？

人才啊。搁现下，若把范雎的口才用在传销上，那将变成全民传销。若把范雎的智慧用在拍电影上，那将带领中国电影冲击美国的好莱坞。

但范雎做的是一件更大的事，他的任务就是要帮助秦王推动六国统一。

命运才是最合格的导演。自己只能拼命努力，去争取属于自己的更好的角色。

也许，偶尔会被所谓的潜规则打败，但是有什么关系呢？潜规则永远只是个不能见光的幕后小丑。

范雎高高在上的向须贾发话了："我本来是想要了你的狗命，但看在你给了我一碗饭的份上，你对我还残存着一些人情味。你，回去吧。我，还要取掉魏齐的人头。"

须贾的一碗饭真值钱啊，为他换来了一条命。后世从此用"一饭之德必偿，睚眦之怨必报"来形容范雎恩怨分明的性格。

只是到了后来，随着权势的加重，范雎的性格变本加厉，演绎过火而成了小鸡肚肠。

范雎让须贾捎回去的话，由魏王传到了魏齐耳中，魏

一饭之德必偿
睚眦之怨必报

齐自知走投无路，不得已自杀身亡。

一切的纷争都有尘埃落定的时候，范雎被羞辱的阴影最终因为他日后取得的成就和功勋被清扫。

司马迁在《史记·范雎蔡泽列传》中感慨，范雎、蔡泽二人如果不被厄境所困，又哪能激励自奋呢。

厄境，有时候也能化成一把激人奋进的鞭子。

努力翻越过厄境的磨难，也许会像范雎一样，找到的另一片更广阔的新天地。

像范雎一样，任何时候都不放弃，绝地逢生的运气。孤注一掷的勇气。挑战磨难的毅力。

命运为你关闭一扇门的同时，总会为你打开另外的一扇门，推与不推，全在你一念之间了。

宁短寿命不短诗　　鬼才赢得玉帝誉

【百科名片】李贺（790—816），唐代著名诗人，汉族，河南福昌人。字长吉，世称李长吉、鬼才、诗鬼等，与李白、李商隐三人并称唐代"三李"。祖籍陇西，生于福昌县昌谷（今河南洛阳宜阳县）。一生愁苦多病，仅做过3年从九品微官奉礼郎，因病27岁卒。李贺是中唐浪漫主义诗人的代表，又是中唐到晚唐诗风转变期的重要人物。

（一）

据说，打从有算命这个行当一来，业内就有个不成文的规矩流传至今，叫做"算命三不算"。哪三不算呢？一、自已的命不算　二、太好的命不算　三、太不好的命不算。

算命先生自己的命不算，是因为掐不准自个的生辰八字。别人太不好的命不算，是担心说了假话会砸招牌，说了实话会挨顿老揍。至于碰到太好的命为什么也不算呢，很奇怪不是？其实也正常，天机不可泄露啊，要是提前泄露，天机就不够神秘莫测了，上天有好生之德不假，可上天也有丧天良的时候啊，据传说，好的命盘一旦被打开，就会越算越薄的。

有这三不算作参考，那就允许我据此妄加揣测一番，唐代的大诗人李贺肯定是遇到缺心眼的算命先生了，生生地把个好命给算薄了，要不然，他一生的命运抛物线怎么会像蹦极一样，连个起伏都没有，直接往下冲，一冲到底了，都不带刹车的。

哪有那么顺的霉运啊，不是有这句老话么，人是三节草，总有一节好。咋就没一星半点的阻碍啊？我是学过物理的，知道空气中都还有阻力的存在，这个李贺，走起霉运来硬是活在真空里似的。

没有一节好的李贺或许是特别喜欢看手相，要不就是格外喜欢炫耀他的那双手。

只要是认识李贺的人都知道，他的那双手非常有特点。李商隐在《李贺小传》里这样形容他，"细瘦，通眉，长指爪"。李贺因为手指离奇地修长，长得都不像话了，因此他被人们无偿赠送了一个外号，叫长爪郎。

这个外号总让我无端地想起土里刨食的老母鸡来，鸡在十二生肖中的命运最是不济，不刨就没得吃。所以鸡的爪子就长。

李贺可谓是生不逢时，长指爪啊。搁如今那可是一双艺术家的手啊。如果我也拥有这样一双手，保证会逢人都献出来得瑟一把。还会去兼职做做手模什么的。要知道，手模也是模特的一种啊，好歹跟艺术沾上了边的。

长爪郎李贺果然跟我心有灵犀了一把，并没有浪费掉他天生的艺术细胞，他用长指爪写文章、写诗。李贺才刚刚七岁的时候，人们就在疯传李家有个神童，小朋友虽然长得瘦弱，诗歌写得可一点也不瘦弱啊。

少年得志算什么？在李贺眼里完全就是小CASE。人家这可是童年出名。你能说李贺童年的运气不好么？这可是名符其实地争了头彩啊。

相当于麻将场上的开门红。

不过，唐代大名鼎鼎的诗坛前辈韩愈和散文家皇甫湜对李贺的才情，不约而同地持怀疑态度，一个小破孩嘛，字都没有识全，能有多大能耐？炒作。肯定是炒作。

宁短寿命不短诗
鬼才赢得玉帝誉

古人的质疑是直接落实到行动上的，既不打口水仗，又不借助微博传播，也不利用媒体炒作，更不指挥水军围观。

有疑当面质，酣畅淋漓多了。

于是某天，阳光灿烂，韩愈和皇甫湜非常得闲，便顺路遛跶到李贺家里，来考考这个七岁的小破孩，他俩让扎着牛角辫的李贺小朋友作首儿歌来乐乐。

面试啊，这叫做。

小孩都是人来疯，见到生人了就欢喜。小李贺就像卖弄他的十指纤纤一样，毫不羞涩地展露了一番自己的才情：

《高轩过》

华裾织翠青如葱，金环压辔摇玲珑。

马蹄隐耳声隆隆，入门下马气如虹。

云是东京才子，文章巨公。

二十八宿罗心胸，元精耿耿贯当中。

殿前作赋声摩空，笔补造化天无功。

庞眉书客感秋蓬，谁知死草生华风。

我今垂翅附冥鸿，他日不羞蛇作龙。

李贺这首诗，开头就很有气势地把韩愈和皇甫湜的豪华气派，尽情拍溜须马了一番。莫非，这就是传说中的"长江后浪推前浪，前浪拍死在沙滩上"？

总之，这首诗震住了韩愈和皇甫湜，两个大人对着一个小孩面面相觑，三岁小孩看到老啊，这个李贺，小时候都这么不得了，将来一定会大有出息啊。

从此，李贺的名气像司马迁《史记·滑稽列传》里说的那只大鸟一样，真的是不鸣则已一鸣惊人，不飞则已一飞冲天了。

李贺在《高轩过》一诗中也表达了他的凌云壮志，"我今垂翅附冥鸿，他日不羞蛇作龙"。

听好了，总有一天，我会出人头地，成为人中龙凤。

这不仅是李贺作为有志青年的宣言，也是很多初出茅庐的年轻人的志向。

太过于丰满到的理想，就这么一点一点地被残酷的现实抽去了脂肪。

哪怕是像李贺这样聪慧的神童，就算他已拔得了神童的头彩，人人都道他前途无量。可长大后，也有生活让他

宁短寿命不短诗 鬼才赢得玉帝誉

谋事可以在人，成事最终靠天。别不服。

李贺万万没有算到，以自己的才识，竟然会落榜。

并且他落榜的理由也极其可笑，不是他考试临场发挥失误，也不是他忘记了带上准考证或身份证，更不是他在试卷上忘记了写上自己的名字。

而是因为李贺的父亲的名字没有取好。

李贺的父亲名字叫李晋肃，坏就坏在这个"晋"字上，与进士的"进"同音，如果李贺科举考过了，就变成了李进士，跟父亲同辈了，这是犯了大忌。

在过去，犯父忌可是大不敬啊。

伤不起。这完全就是历史上一则超冷的黑色幽默啊。

李贺的父亲早已去世，他若知道他的名字，居然断送掉了儿子的前途，含笑九泉这四个字估计会让他在地狱里永远没法潜心做转世前的修炼。

李贺除了整日以泪洗面，还能怎么做？

喜欢力推青年才俊的诗坛前辈韩愈的愤怒可想而知，

他执笔大骂主考官，如果你家父亲名字里面有个"仁"字，你是不是就不能做人啦。

韩愈的辩驳文章写得很解气，附和围观力挺的人也挺多，但是并没有为李贺带来什么转机。主考官是个一根筋，他对待科举很严肃，绝不胡乱修改录取名单，对韩愈的骂声和李贺的委屈置若罔闻。

被命运开了个大玩笑的李贺拼博了一场，除了博得些许人气和同情外，什么都没捞着。

十年寒窗苦读，换来的只是竹篮打水一场空。

读书的时候，同学们都像星星绕着月亮一样围绕着文采出众的他，千叮咛万嘱咐，苟富贵、勿相忘啊。每个人都看好他，认为他一定会出人头地。

没料到，等到李贺同学毕业了，正准备大展手脚的时候，命运从这里给他划了道分界线。

优秀的李贺成了受人鄙视的待业青年。

并且，李贺一生都在待业，始终没有等到就业的机会。

我不由得想起了李贺年少的志向，我今垂翅附冥鸿，他日不羞蛇作龙。

一语成谶，神童李贺的翅膀垂的可不是短暂的"我今"，而是"他日"永久的混迹蛇群，苍天弄人啊，不由让人为

167

之扼腕叹息。

李贺怀着举世的才能却得不到重用，这种无可奈何的心情，就像国色天香的美人在一天天地在等待中迟暮，在最后一抹花香中凋零，落败。

世界上最大的两个悲哀是什么？美人迟暮，英雄末路。

因为李贺的际遇，我们有理由加上第三个，怀才不遇。

（三）

失落的李贺妥协了，他已经明白，他的仕途已注定陷入沼泽，连脚都拔不出，何谈卷土重来？

在抑郁的时候，能与李贺共振的是什么呢？依然是他最擅长的诗。

只有在写诗时，他的思绪才可以在这个世界里天马行空，畅通无阻。只有在写诗时，他的才华才可以尽情地氤氲。

都说愤怒出诗人。李贺的诗心没有妥协。

愤怒激发出他非同凡响的想象力，那是何其的出凡脱尘啊。

他在诗里用思想圆梦，梦做得就像他的双手十指一样，非常地离奇，异常地绮丽。晚唐著名诗人杜牧，读过李贺的诗后曾写出这样的评论，云烟绵联，不足为其态也；水之迢迢，不足为其情也；春之盎盎，不足为其和也；秋之明洁，不足为其格也；风樯阵马，不足为其勇也；瓦棺篆鼎，不足为其古也；时花美女，不足为其色也；荒国陊殿，梗莽丘垄，不足为其怨恨悲愁也；鲸呿鳌掷，牛鬼蛇神，不足为其虚荒诞幻也。

那个我们都熟悉的国外的少女爱丽丝梦游时的仙境，也大概不过如此吧。

李贺在写《天上谣》这首诗时，不知道是不是也像爱丽丝一样，梦游到天宫了：

《天上谣》

天河夜转漂回星，银浦流云学水声。

玉宫桂树花未落，仙妾采香垂珮缨。

秦妃卷帘北窗晓，窗前植桐青凤小。

王子吹笙鹅管长，呼龙耕烟种瑶草。

粉霞红绶藕丝裙，青洲步拾兰苕春。

东指羲和能走马，海尘新生石山下。

李贺做了一个多么美好的白日梦啊。他看到了天庭的

宁短寿命不短诗
鬼才赢得玉帝誉

天河在转动，到处飘着泛着缕缕银光的星星。侧耳倾听，还能听到从银河里传来的潺潺水声，瞧啊。月宫的桂花也将落未落，鼻子里还飘过一缕似有似无的桂花清香。连美丽仙女的裙子也看到了呢。是粉红色的红绶和藕白色的丝裙……

造梦空间里的想象算什么？电影里的迷幻特效算什么？还不如读读李贺的诗。看李贺刚上访了天河、游玩了月宫，又立马穿梭时空、去探寻鬼魅，与十八岁早夭的苏州名妓苏小小作了一番对话：

《苏小小墓》

幽兰露，如啼眼。

无物结同心，烟花不堪剪。

草如茵，松如盖。

风为裳，水为佩。

油壁车，夕相待。

冷翠烛，劳光彩。

西陵下，风吹雨。

全诗中没有一个神怪鬼字，我却仿佛从诗中看到了名妓苏小小的泪，正一滴滴地落在了幽兰的叶子上，她将风做成了衣裳，将水编成了佩环，正隔着时空与李贺影只凭吊，一同感悟着鬼界与人间的一阵阵凄风苦雨、孤寂幽冷。

写鬼容易做人难。不知在自己的思绪里畅游的李贺，回到现实的人间时，会不会幽幽地发出这样的感慨。

（四）

李贺在唐代时没有得到重视，咱们伟大的领袖毛泽东主席却相当瞧得起他。

比如李贺的"天若有情天亦老"，被伟人延伸为"天若有情天亦老，人间正道是沧桑"。

还有"雄鸡一声天下白"也曾被一代伟人在诗词中引用。

这两句诗皆因伟人的厚爱在读者中间迅速走红。

雄鸡一声天下白，李贺希望他的人生能够随着雄鸡的叫声，走向一片光明。

也不知道是不是李贺太擅长描写天上和鬼界的诗了，他的诗写得像天上的朝霞那样绚丽逼真，引起了天界玉帝

宁短寿命不短诗
鬼才赢得玉帝誉

的重视。

就在一个清晨，雄鸡叫起的时候，李贺的姐姐发现李贺已经快死了。

她正看到一个穿着红色丝帛衣服的仙人驾着红色的苍龙，手拿刻着远古篆体字的木板，对李贺说，玉帝刚建了白玉楼，召你去为楼写记呢。

玉帝的知遇之恩令李贺哭泣不止，他随着红衣人脚踏祥云袅袅向天空升腾，据李贺的姐姐描述，在七色祥云的缭绕中她甚至还听到行车的声音和天籁般的仙乐声。

真是不是一家人不进一家门啊。就连名不见经传的李贺姐姐，也能用梦幻般的语言栩栩如生地描述出这迷幻一般的死亡啊。

李贺姐姐的这段关于李贺死亡的描述，也被李清照在《李贺小传》中记载了下来。

李清照在文后说，难道世人所说的有奇才的人，不仅是人间少，就连天上也不多吗？李贺活着的时候受到别人的排挤，死后却被天帝特别重视，难道世人反倒不重视人才吗？

李贺死的时候年仅二十七岁。

不知道李贺的早夭是天妒英才，还是天怜英才。

我更宁愿相信是天怜英才。

如果李贺真被玉帝召了去，在天上为仙人写诗赋，那李贺感慨过的"天若有情"则要改为"天亦有情"了。

有人说李贺的一生是个悲剧，我恰好不这么认为。

生命在好，而不在长。

李贺短暂而愁苦一生，被他所作的瑰丽的梦幻般的诗笼罩着，焕发出别样的光芒。

彗星之所以耀芒。就因为它划过天际的短暂与辉煌。

这种别样的光芒叫不得志的遗憾。

遗憾就留在李贺诗中的韵味里，那是一觉醒来所有瑰梦随风飘散的怅然。

（五）

李贺的一生，究竟是成功还是失败呢？

他生前无人重视，死后却与李白、李商隐并列，并称为唐代三李。还有《南部新书》中记载了一番话：李白为天才绝，白居易为人才绝，李贺为鬼才绝。

长爪郎李贺又多了一个称号，叫"诗鬼"。

李贺活着时，是个失败的诗人，离索独居，与鬼无二，

宁短寿命不短诗　鬼才赢得玉帝誉

死后被玉帝召去后，却成了万人景仰并为之羡慕的诗鬼。

这莫非就是世事的无常？福与祸常常相依，成功与失败也未必不能共存。

我们都知道，在奥运会的名人录上，有一个特别的失败者，他是来自坦桑尼亚的马拉松选手艾哈瓦里。

那是 1968 年的墨西哥城奥运会的马拉松比赛上，选手艾哈瓦里在赛道上摔倒了，腿流血了。

他缠上了绷带，拖着流血的伤腿，一瘸一拐地跟在七十五名马拉松选手的最后面。

数万人的会场，全场肃穆。所有观众都看着艾哈瓦里，看着他最后一个人跨过了终点线。

艾哈瓦里在这场马拉松比赛的名次，惨不忍睹，除去在中途退场的十八人，他得到的名次是倒数第一。

但是，人们向垫底的艾哈瓦里送去了经久不息的掌声。

当记者问及艾哈瓦里，为什么不索性退出比赛？艾哈瓦里回答到："我的祖国派我来到墨西哥城，为的不是让我起跑，而是要我跑到终点。"

艾哈瓦里的名字和这句话从此成为奥运史上的一个经典。

如今，人们早已忘掉了那一届的马拉松冠军，却依然记得那个"最美的垫底者"——艾哈瓦里。

当我们像艾哈瓦里一样不管怎样努力，都落于人后时，我们能做些什么呢？

唯有坚持跑到终点而已。

当我们像唐代诗人李贺一样站在被命运抛锚的路上时，我们能做些什么呢？

唯有不停地思考而已。

也许，成功并不单纯的指成就，而是一种前进的过程。

被迫承受住来自人生中的遗憾，更是一种成功。

很多时候，过程也是一种结局，未必所有人会看见而已，但是有一个人一定能够看得见，那就是，我们自己。

宁短寿命不短诗
鬼才赢得玉帝誉

铁马冰河尽入梦　诗词却非万事空

【百科名片】陆游（1125—1210），字务观，号放翁。南宋诗人。创作诗歌很多，今存九千多首，内容极为丰富。抒发政治抱负，反映人民疾苦，风格雄浑豪放；抒写日常生活，也多清新之作。杨慎谓其词纤丽处似秦观，雄慨处似苏轼。著有《剑南诗稿》、《渭南文集》、《南唐书》、《老学庵笔记》。

（一）

十六岁的陆游科举考试落榜了。

这么优秀的儿子居然会落榜？这个消息对陆母来说，简直比让她晴天白日遭到雷霆之击还难以接受。

失败是成功之母。如果不找出令儿子陆游考场失利的

原因，那她作为母亲就成了失败的祖母。

陆母挖空心思地地左思右想，再不辞劳苦地追根溯源，终于，罪魁祸首浮出了水面，她把目光聚焦到了陆游的小女朋友——唐婉身上。

都怪唐婉，陆游落榜，就是因为她经常来找陆游玩耍的缘故。

早恋危害大啊。容易让读书的学生分心，继而就影响到了前途。

陆母是高瞻远瞩的，这样的母亲不光南宋百年不遇，就放在历史上，也不多得。这不是一名普通妇女能够持有的远见啊。瞧，人家早在宋朝时期便深刻地意识到，早恋，是毒害学习尖子的敌敌畏。

不过，陆游同学对这次的考试失利，并不像陆母那样如同遭遇到了世界末日，大不了复考呗。

奥林匹克赛场上，也还讲究个先前的热身赛吧。

他喜欢女友唐婉，不是玩物丧志的那种喜欢。陆游清楚地明白，美女是一盏欲望的灯塔，对社会尤其对男人起的推动作用是不可估量也无法磨灭的。

不然，先人整出个红袖添香夜读书做什么用。

在这点上，陆游倒是继承了陆母的先见之明。

陆游埋藏在心中的口号，大家一定都耳熟能详，那就是到处用黑体字粉刷在小学校园墙壁上的——"好好学习，天天向上，锻炼身体，保卫祖国。"

这句曾在校园广播里频繁出现的口号，如今已被多少踏入社会的青年人认为是一句大而不当难以操作的空话，继而改成了十分务实生活、休戚与共的"锻炼身体，保卫老婆"。

但是，远离我们千年之久的陆游同学毕生也未曾更改过这个志愿。

呵呵，看来现代化的学校教育远不如古代家庭的传统洗脑更具优势啊。陆游肯定是被爱国的家人们洗过脑了吧。他在好好学习的同时，更不忘向叔父陆寀学习武艺。

手无缚鸡之力怎么保卫祖国。

叔父陆寀是位抗金英雄。靖康年间，当懦弱的皇帝宋钦宗和大臣们、甚至连陆寀所在地的守兵都纷纷逃作鸟兽散时，没有兵权的叔父陆寀挺身而出，召集了几千勇士，与侵入宋国的金人打了一场硬仗，保住了当地老百姓的平安。

就是陆寀这样的一位英雄，却在抗战事后被朝延罢官了，典型的卸磨杀驴。

因为宋国朝延的主流舆论，紧紧团结在以皇帝为首的"主和"指导思想周围，国家各个势力狂挺主和派，还冠冕堂皇嚷嚷着和谐发展才是硬道理。即便宋国朝政经由数次领导换届也坚决不动摇。

遵照上级的"主和"指示精神，私自"主战"的抗金英雄陆宰，自然受到了排挤。

被朝延冷落的叔父陆宰，却成了小陆游心目中的偶像。

自打陆游有记忆开始，全家人就在大宋与金人的战争缝隙中巅沛流离。陆游在成长途中，将许多战士英勇抗金的事迹更是烂熟于心。

怒发冲冠，凭栏处，潇潇雨歇。抬望眼，仰天长啸，壮怀激烈。三十功名尘与土，八千里路云和月。莫等闲，白了少年头，空悲切。

靖康耻，犹未雪；臣子恨，何时灭？驾长车，踏破贺兰山缺。壮志饥餐胡虏肉，笑谈渴饮匈奴血。待从头，收拾旧山河，朝天阙。

我想，既使是一只温顺的小猫，听到了这首由著名抗金英雄岳飞所作的《满江红》，也会激动得尾巴直竖，全身毛发钢针一般拱起，把自己假想成一头啸聚山林的南山猛虎。而陆游，身为一名热血青年，更是将自己定位成了一位力拔山河气盖世的英雄。

落后才会挨打，宋国并不落后，凭什么要被金人欺凌？年轻的陆游每个毛孔都热切地迸发着要抗金的意愿。

搁今天，这就是假一陪十、如假包换的愤青啊。

相信我们每个人的少年时代，都有愤青的时候，但像陆游这样执着地，从少年到青年，从中年至晚年，生命不息愤青不止的，却是少之又少。

掌声在哪里。致敬。

（二）

愤青也得参加考试嘛。陆游也不例外。

三年后，十九岁的陆游再次信心百倍地参加了科举考试。

这一回，他已不再像十六岁那年那样，考试时觉得心有余而力不足了。陆游在三年时间里已学富五斗，迫不及待地要为国效力。

学成文武艺，卖与帝王家。

铁马冰河尽入梦
诗词却非万事空

青梅竹马的女友兼表妹唐婉也成了他温柔的妻子，作为一个男人，情场上春风得意，事业上更应该扬帆启程。

然而这次的复考，陆游居然又像上一次那样，马失了前蹄。

再一次的落榜，不光是陆母受到了打击，陆游也不能接受。

自己明明发挥得很好，没道理落榜的，就算晴天白日能中雷霆之击，也不会一人中奖两次啊。

在试卷上，陆游一气呵成了一篇洋洋洒洒的论文，在文中，他向尊敬的领导酣畅淋漓地抒发了自己的报国之志，强烈期盼朝廷要牵头抗金。

而陆游非但没成为宋国的反潮流英雄，还被打击成了反动派。

两段同样荒唐的年月，两个截然相反的结局。

这就叫生不逢时啊。

理所当然的，陆游乐呵不出来。

他在试卷中提出的主战论，在朝廷命官的眼中完全就是冒天下之大不韪啊。你想啊，上面的领导都在握手言欢，你一个小小的屁民背后伸出铁棒子吆喝？完全就是唯恐天下不乱嘛。

陆游充满火药味的主战观点与上层主导的主和方针背道而驰，落榜自然是顺理成章的了。

唉，陆游也真是太傻冒了，就让现代人现身说法吧。就算投资炒股票，也得分析下市场基本面呀；就算花钱买房子，也得根据国策走向呀；哪怕是女孩挑男友，还要考察男孩的成长背景呢。

由此可见，傻小子陆游的行为，那是相当地欠考虑啊，他不好好地揣摩宋国的国策基本面，光顾自个蛮牛一样地一根筋地向前冲了。

这一冲，自然是要撞到南墙的。除了一鼻子灰，南墙上什么也没有回赠给陆游。

陆游母亲的脸色也再一次蒙上了灰。上一次落榜，陆母通过多方查找 N 次论证屡次研究，得出了结果，都怪唐婉跟陆游早恋影响了儿子学习。这一次，陆母再一次坚定不移在此基础上来了个盖棺定论，都怪儿媳妇唐婉这个扫把星。

铁定是儿子陆游跟她结了婚的缘故。

哼，我在这里，代表天下儿媳妇严重鄙视一下这个眼里只有儿子没有儿媳的坏婆婆。

婆媳大战紧接着上演，婆婆以母亲大人的身份，强势

铁马冰河尽入梦
诗词却非万事空

要求陆游休了唐婉这个扫把星妻子。

在令无数男人头痛的"妻子和老妈掉到河里，你先救谁"的问题上，陆游选择了母亲。

陆母的性格不是一般的固执。在陆游为妻子唐婉与母亲抗战三年后，终于被迫服从了母亲的命令，一对有情人就此孔雀东南飞了。

从后续的发展上来看，陆游的执着与陆母也有得一拼。遗传基因真是强悍无比啊，只是这次陆游是心不甘情不愿地败在了百善孝为先上。

愚昧落后的封建社会害死人，不仅阻断了陆游的前途，还连带葬送了陆游的爱情。

（三）

三年复三年，陆游的青春期就这样熬过去了，美人如玉的妻子唐婉也已经改嫁了，就连宋国人民的抗金精神英雄岳飞，也被秦桧以莫须有的罪名迫害致死了。

整个国家的气氛温吞吞的，根深蒂固的主和派依然占据着上风。

陆游力争抗金的剑气陷在如沼泽般的国家局势中，自然无法拔出鞘来气贯长虹。

无独有偶，中国历史上最伟大最浪漫的诗人李白，也曾有过拔剑四顾心茫然的无奈长叹。

看来，诗心都是一脉相通的。

但是，这温开水一样的大环境，并没有像不知不觉地煮死青蛙那样，磨灭掉陆游的愤青秉性。

心中急流汹涌的爱国之情无处渲泻，陆游将气吞山河的壮志豪情悉数记载到了诗里。

在他的诗里，连风雨雷声都化做了铁马冰河，尽入梦中。

陆游挑灯夜读着兵书，他写道"平生万里心，执戈王前驱。"，他还写道"切勿轻书生，上马能击贼。"

他要告诉世人，书生拥有的岂止是意气，更有豪情。

可惜了，陆游这位潜在的英雄在宋朝时毫无用武之地。

一心想骑着铁马上战场击贼的陆游，偏偏上天造物弄人，把他弄成了一个只能在诗中挥斥方遒的书生。

"柳暗花明又一村"，是陆游晚年的写下的著名诗句，令人扼腕的是，他一生都没能让自己的愤青性格柳暗花明。或者，是根本不愿，也许，是根本不屑。

这歪打正着的"又一村"成就，想来也会让他啼笑皆

非吧。

虽然，国家主战的局势不甚明朗，陆游也要逆游而上。

二十九岁的陆游，再次参加了宋朝规定的锁厅试。

人家说一朝被蛇咬，十年怕井绳，这套用在陆游身上似乎不奏效。陆游非但没长教训，又一次在试卷中重申了自己的主战观点，甚至写诗语触秦桧，为英雄岳飞鸣冤。

愤青到底了。

秦桧是什么人啊？那是令朝野震惊的大奸臣啊。他手握着的大权，压城城摧，压人人毁。

陆游却以五尺血肉之躯站成在黑色天空下等待着战斗命令的战士。他毫不吝啬地对秦桧表示了鄙视，陆游的爱国诗中散发着铁矛般尖锐的光芒，这战斗的光芒，虽然像萤火虫般微不足道，却用上了陆游全部的热情。

热情大约是能感染的吧。陆游在试卷中的字字泣血，引起了主考官的共鸣。在主考官的力挺下，陆游终于得了第一名。

可惜，只是暂时的。

名次紧跟着被宣告无效。看来这种事不光是在奥运会赛场上才能发生的，陆游冤枉啊，要是尿检，那结果也肯定是跟愤青有染与兴奋剂无关。愤与奋最多是同音不同义而已，一种是精神，一种是药剂啊。

苦尽甘来这一词跟陆游显然无缘。陆游还没来得及咧开嘴巴笑呢，大奸臣秦桧出场了。

秦桧一般在电视屏幕里作为反派演员亮相，都是贼臣形象。不过这一次，人家是打着和蔼可亲的亲友团幌子出现的。

当然，秦桧的和蔼可亲不是针对陆游，而是针对自己的孙子秦埙。在这次锁厅试中，秦埙也参加了考试。秦桧认为，若别家的孩子陆游得了第一名，那自家的孙子秦埙的名次往哪搁啊？

秦桧手中有权，自然是本着不用白不用的原则，他直接向主考官施压，要求把陆游的第一名抢下来，送给自己的孙子。

这个不难理解，奸臣也有护犊子情结。只是这情结，是建立在陆游的痛苦之上的。

陆游阴差阳错，第三次落榜。

我这次多想看看恶婆婆陆母的反应啊？她认为对陆游有害的扫把星儿媳妇唐婉，已被她逼走改嫁了，陆母您这次再准备怨谁去啊？

埋怨苍天？埋怨大地？还是埋怨命运赋予的神奇？

据史料上的记载，陆母这次的反应为没有反应。那请允许我替唐婉乐呵一把，权当陆母自己剥夺了自己的话语权。

（四）

仕途上的不如意，让陆游忧郁难解。所有的雄心壮志都只能在诗中奔腾，全部的爱国热情只能在诗中发泄。在醒来的现实政治中，陆游如迷雾里的铁蹄一样找不到拼博的方向。

陆游辗转回到了故乡，只有在故乡，他才能更清晰地感受到自己的血脉走向。

就是在这里，本为同林鸟的妻子唐婉，因为陆母的强烈反对飞走了有七八年。

陆游默默地行走在沈园里想着心思。现在，不仅美满的爱情散了，就连报国之心也未能得到实现。

上天似乎觉得了自己对陆游的亏欠，决定在陆游不经意的时候小小地补偿他一下。

仿佛心有灵犀似的，低着头走路的陆游一抬眼，居然看到了已多年不见的唐婉。

陆游远远地看到，唐婉正与她的丈夫在一起饮着酒。啊，她的目光向陆游望过来了，与他碰撞了。

火花，火花。还是火花。

无言，无言，还是无言。

唐婉默默地与陆游凝视良久，俯身与她的丈夫低语了一阵，然后端起了一杯酒。

近了。唐婉居然端着酒樽向他走过来了。自打离婚七年来，这便是他们之间能拥有的最近的距离了吧。陆游望着唐婉，只觉得做了一个梦魇刚醒来似的口舌发苦。

唐婉为陆游酌上了一杯酒，默默地凝视着陆游，又起身离去了。唐婉说不出的千言万语都倒进了陆游手里的这杯酒。

两人虽然相看泪眼，却再也不能执手千年。

望着唐婉远去的背影，陆游慢慢饮下了唐婉送过来的酒。这杯苦酒，未必不是由自己酿成的。

借着微醉的酒意，陆游挥豪在粉壁上写下了自此流传千年的《钗头凤》：

红酥手，黄縢酒。满城春色宫墙柳；东风恶，欢情薄，一怀愁绪，几年离索，错，错，错。

铁马冰河尽入梦
诗词却非万事空

春如旧，人空瘦。泪痕红浥鲛绡透；桃花落，闲池阁，山盟虽在，锦书难托，莫，莫，莫。

短短几十个字，埋藏了诗人陆游多少年的思念。一声还比一声高的"错"字，如三座大山一样沉重地压在陆游的心上。

是什么地方做错了呢？是造物弄人的命运吗？是导致他俩离婚固执己见的陆母吗？

不是，都不是，依我看，大约是因为陆游固有的执着吧。

他依然执着着这段早应消逝的感情。他纠结着，在不该放弃的时候没能够坚持，该忘记的时候又重新拾起。

伊人已如那宫墙里的杨柳，令陆游可望而不可及，可是，陆游的心里从来不曾忘却。

就连陆游想披甲上战场的报国之志，也三番四次地碰在了宫墙的壁上。被只会躲在宫墙里的主和派所扼杀。

可是，他一样要坚持。

有些爱情，不一定会有结果，但依然会一辈子的思念来铭记。

有些事业，不一定会有收获，但依然会用一生的努力去尝试。

（五）

终于，陆游等到了事业上的曙光。与陆游一样有主战思想的皇帝宋孝宗继位了。曾经压制过陆游的秦桧也在万人唾骂下死去了。

都说欺老不欺少，三天就赶到。我要是哪天义愤填膺，替陆游跑到杭州的岳飞庙前，专门朝秦桧的雕塑跪像吐一口唾沫，秦桧这个老奸臣定然是连尸也不敢诈的。

陆游自然激动万分，他激动的不止是一手遮天的秦桧死了，更重要的是，他似乎看到宋国这艘大船，已经因为宋孝宗的继位鼓起了风帆。大船马上就要改变主和的航线，驶向抗金的战场。

是的，陆游在故乡已闲居了很多年，在这近乎归隐的日子里，就连陆游的诗风也发生了转变，他的诗中一派田园景色，风和日丽，云淡风轻。他在《游山西村》中写道："莫笑农家腊酒浑，丰年留客足鸡豚。山重水复疑无路，柳暗花明又一村。萧鼓追随春社近，衣冠简朴古风存。从今若许闲乘月，拄杖无时夜叩门。"

铁马冰河尽入梦
诗词却非万事空

然而，哪怕就是这样平静的山村日子，也没淡化他的梦想。

陆游是在山重水复疑无路的时候产生了归隐的心，然而，当朝延一旦有了柳暗花明又一村的转折，他立马又像喝了鸡血似的振奋了。

北代抗金。平复中原。这个坚定的梦想从小就被深植在陆游的脑海中，伴随着他骨骼的发育俨然成为一体了，就算当今世界上最顶级的医生也无法将它取出。

陆游此时已经四十六岁了，为等待这个梦想他用去了自己大半生的光阴。

新领导宋孝宗与他力张主和的父辈们不同，他主战，爱屋及乌，陆游因此对宋孝宗感觉特别亲切。

热血沸腾的陆游毛荐自遂，第一次向官场上的朋友讨要职务，要求到南充去。

现在的人们都说，西藏是离天堂最近的。不过，陆游可不这么认为。

南充，才是离他最近的天堂。因为南充是抗金的最前线。

陆游曾在诗中写道，"胡未灭，鬓先秋，泪空流。"胡人还没有灭掉，头发已经又白又稀少，怎么不让人悲伤流泪?

可是陆游不会悲伤多久，愤青意识让他改天又重写"白发未除豪气在"。

只有在离敌人最近的南充，才能使陆游忘却白发的事实，焕发出年少时的豪气。

陆游在南充时，连夜间都在摩拳擦掌。他在诗中记录，"国仇未报壮士老，匣中宝剑夜有声。"他还写，"起倾斗酒歌出塞，弹压胸中十万兵。"

这种饱满的爱国激情，将陆游的豪情点击到了最大化。陆游的写诗状态也在此期间达到了创作的巅峰。

哪怕是多年以后，晚年的陆游仍不断地回忆起这段从军的经历："念昔少年日，从戎何壮哉"。"忆昔西征日，飞腾尚少年"。

是啊，当时已快知天命的陆游，貌似那么真切地接触到了梦想，他快乐得像世间少年。

然而，一切只是貌似。

三万里河东入海，五千仞岳上摩天。遗民泪尽胡尘里，南望王师又一年。

陆游天天遥望着南方，期盼着王师的来临，一年又一年，王师怎么还没有出征？

难道陆游等待的梦想，只是一扇永不开启的门？

陆游老泪纵横。

因为各种缘故，宋孝宗的主战意愿也被闲置了。他们将陆游厚重的报国之志狠狠地撂到了角落里，无人问津。

（六）

陆游再次闲居了。

光阴流转，他已是个垂暮之年的老人。可是，他依然在等待他的梦想会实现的那一天。

别人都是弃笔从戎，陆游倒是反过来了，被大环境所逼弃戎从笔了。

笔，成了他抗金的又一利器。

愤青，愤出的更是一种气势。

陆游在无尽的等待中，一直在为他的祖国写着诗。陆游是我国诗歌作品存世量最多的诗人，大约有九千多首，创下了中国诗歌之最，他阴差阳错最终成为了一代文宗，著名的爱国诗人。

就算成为了一代文宗，陆游心中也有着说不出口的遗憾。

陆游在八十四岁时，再次颤微微地来到了故乡的沈园。沈园啊，是他与爱人唐婉彻底分开的伤心地。

粉壁上，他曾经提下的《钗头凤》还在，墙上的字迹已经淡去了，陆游心中的记忆依然那样清晰。

唐婉早已病逝了，未再曾见到心中又爱又恨的陆游最后一面。唐婉只为陆游留下了《钗头凤》的下半阙：

世情薄，人情恶，雨送黄昏花易落；晓风干，泪痕残，欲笺心事，独语斜阑。难，难，难。

人成各，今非昨，病魂常似秋千索；角声寒，夜阑珊，怕人寻问，咽泪装欢。瞒，瞒，瞒。

物是人非，与唐婉隔世已不是恍若了，而是事实，白发苍苍的陆游为唐婉写下了最后一首诗："沈家园里花如锦，半是当年识放翁；也信美人终作土，不堪幽梦太匆匆。"

他不堪的，真是幽梦么？未必。

陆游到沈园凭吊过唐婉后，事隔一年就病逝了。

除了唐婉，他应该还有更深的未尽的遗憾。他还没有看到北伐的军队，还没来得及看到中原的平定呢。

铁马冰河尽入梦
诗词却非万事空

憾恨中，陆游写下了他留在世间的遗嘱："死去元知万事空，但悲不见九州同。王师北定中原日，家祭无忘告乃翁。"

中国最执著的一个愤青，陆游，就这么，死也未曾瞑目。

陆游念念不忘他的国家，可是国家把他抛弃了。陆游万般不舍他的爱情，可是爱情也被他错过了。

他曾为自己的一生做出了预见性的总结，"百岁光阴半归酒，一生事业略存诗"。

可是我认为，陆游为我们留存的，不仅仅是略存诗。

他虽然没能够上战场，却用他手中的笔，为我们吹响了战斗的号角。他虽然放弃了爱情，却用他余生的悔恨，为我们留下了一抹执着的苍凉。

在电影《亮剑》中，李云龙的部队骑兵连，明知没有了希望，也要亮出自己的精神，用性命不断地喊中心中的口号——骑兵连，进攻！进攻！

骑兵连败了，却虽败尤荣。

陆游也是虽败犹荣的。尽管他一生未曾上过战场。

在《卜算子·咏梅》里，陆游为我们留下了一句经典的带愤青意味的诗，"零落成泥碾作尘，只有香如故。"

这一脉暗香，是浮动的，从岁月深处，从历史画面，一直浮动到如今。

曾令多少人，生命也为之热血，精神为之振奋。

铁马冰河尽入梦
诗词却非万事空

裸奔始祖唐伯虎　画臻三昧梦六如

【百科名片】唐寅（1470—1523），字伯虎，一字子畏，号六如居士、桃花庵主、鲁国唐生、逃禅仙吏等，据传于明宪宗成化六年庚寅年寅月寅日寅时生，故名唐寅。汉族，吴县（今江苏苏州）人。他玩世不恭而又才气横溢，诗文擅名，与祝允明、文征明、徐祯卿并称江南四才子，画名更著，与沈周、文征明、仇英并称吴门四家。

（一）

象征着婚姻的自由与独立是什么——裸婚。风靡着时尚界的颜色是什么——裸色。震荡过娱乐圈的新闻是什么——裸照。让人们争议不休的艺术是什么——裸体。从

美国兴起的一项潮流运动是什么——裸奔。

……

"裸"字当道，谁与争锋。

强中自有强中手，在"裸"系列中能荣登上头条的，莫过于裸奔。因为这是个动感十足的字眼啊，动，才有让更多人直面感受的机会。

把裸奔这一项目运用到极致的人，是位叫马克·罗伯茨的英国人，他抓住"裸"字当道的机遇，成功的将最吸引人眼球的裸奔发展成一项很有前途的职业，并以此成为他发家致富的不二法门。我是这么道听途说的，马克·罗伯茨平均十二天就要窜到大型赛场上裸奔一次，并在胸前或背后贴上广告，赚取高额的广告费用。

无独有偶，同样把裸奔这一附加效应发挥到极致的，是著名的阿迪达斯运动品牌，他们有一句由马克·罗伯茨代言的最别具一格的广告语——"他裸奔的时候，只穿着阿迪达斯运动鞋。"

阿迪达斯投入的这条运动广告做得特有创意不假，但我更佩服的是独属阿迪达斯品牌的标志"三叶草"。瞧，连人类的始祖亚当和夏娃，都是缠着三叶草裸奔，免费为阿迪达斯打着广告呢。

广告抢注，谁有阿迪达斯牛。真不愧是做运动品牌的牛老大。

显然，与马克·罗伯茨带有市场经济性质的裸奔相比，我国明朝的知名人士唐伯虎的裸奔行为，只算得上是为保性命无虞的权宜之计。

不得已而为之啊。注意，没有经济利益的驱使。

在封建保守的古代，女人连露出脚丫子都是件伤风败俗的事，而唐伯虎偏有胆量在众目睽睽下裸奔。

这种胆量，即便是壮士断腕也还要逊色三分啊。

不过，唐伯虎并不是一位壮士，说不定还因经济窘迫长得瘦骨嶙峋。

呵呵，我瞎猜的，自古文人都是以一副穷酸形象出现的，唐伯虎可是文人中的文人啊，不瘦骨嶙峋说不过去不是。

设想一下，面露菜色的唐伯虎摇着扇子，在世人面前摇头晃脑地吹嘘自己为江南第一风流才子。

江南第一风流才子的日子过得并不滋润。至少，在别人看来。

如果用如今市场化的审视目光来评价他的生活，甚至，所谓的风流才子唐伯虎只是个一辈子都生活在社会最底层

裸奔始祖唐伯虎
画臻三昧梦六如

的小人物。

悲哀吧？不悲哀。

小人物也能活出大命运。

（二）

在励志书上有一句被我们耳熟能详之后又用熟透了的话，性格决定命运。

这句话用在唐伯虎身上，再合适不过了。

每当命运驮着唐伯虎在阳关大道上顺利前行的时候，总是会被他的性格抽打一下，结果就往羊肠小道上拐了弯。

眼下吧，唐伯虎又犯了爱占小便宜的毛病了。他在进京赶考的途中，结识到了一位富二代，名叫徐经。

徐经家里很有钱，出手也很阔绰。他听闻了唐伯虎的大名，立马两眼放亮："啊，原来你就是名动江南，夺取解元第一名的唐伯虎啊。"在名人的光环照射下，徐经立刻放下富二代的架子，主动与平民唐伯虎表示亲近，并要求与唐伯虎一路同行，且吃住报销。

与名人结伴而行，岂不威风？看来傍大款傍名人这种事，古人早已先行一步了。

名气与金钱一样，走到哪里都是一张通行证。

唐伯虎对徐经提出的吃住报销的建议不可能不动心。

唐伯虎的名气虽然小有初成，但是他口袋里的金钱却没小有更没初成。除了家中的妻子，双亲都已去世，唐伯虎只是个孤儿。他还指望着这次能连中三元，改变自己一穷二白的家境呢。

就这样，慕名的徐经和爱钱的唐伯虎结伴而行了。

什么叫殊途同归，这就是。

只是他们这样的同志关系，可不是为了一个共同的革命目标，走到一起来了，他们是为了一个共同的利益目标，拴到了一根绳子上的两个蚂蚱。

街边的繁华景象和三三两两的考生都在唐伯虎的眼中掠过，他骑着徐经送的高头大马，居高临下地俯视着道路两边，愈发觉得自己鹤立鸡群。

唐伯虎对这次的会元考试胜券在握，他觉得自己出人头地的日子已触手可及了。唐伯虎甚至还得意洋洋地在很多公开不公开的场合宣称："今科会元必是我唐寅无疑。"

低调做人，高调做事，得意忘形之下的唐伯虎显然搞反了，他很快就自食了不够谦虚的恶果。

就像唐伯虎胯下骑的高头大马，只是徐经送的，终究

裸奔始祖唐伯虎
画臻三昧梦六如

要还给别人的。

他要是早知道还给徐经的不仅仅是一匹高头大马那么简单，打死他也不会骑上去的。

不错，唐伯虎的下马确实因徐经摔下来的，摔得鼻青脸肿。

跨马的风光和落马的狼狈，没人比唐伯虎体会更深。

在这次会元考试中，只有唐伯虎和徐经两人交出了令朝延满意的答卷。事后却有人告发，富二代徐经涉嫌用金钱买通考官，提前拿到了泄露的试题。

而唐伯虎与徐经招摇过市的"友谊"，更有放榜前唐伯虎高调又狂妄的广而告之，无一不在向人们传递这么一个信息，唐伯虎极有可能就是协助徐经舞弊的同谋。

因为若没有唐伯虎的帮助，即使徐经买到了试题，也做不出答案。

富二代，多不好的名声，自古英雄多磨难，从来纨绔少伟男。徐经的才华就那么搭帮这唐伯虎的盛名被黑了。

考官、徐经和唐伯虎都大喊冤枉。

著名的侦探福尔摩斯纵然不是虚构的，也近水救不了远火，明朝那时怎么可能借鉴近代西方的断案经历呢。

没有人有耐心去调查这仨冤不冤，直接将他们以涉嫌舞弊案之名，一起拉入了黑名单。

这下唐伯虎和徐经，真成了难兄难弟了。

出来混，总是要还的。

唐伯虎因为要占小便宜，与徐经混了一段时间，终于还上了自己的锦绣前程。

受到牵连的唐伯虎被剥夺了考试权利终身。

他想象中飞黄腾达的美好日子成了海市蜃楼，如天上的星辰一样，从此纵然可以高声语，也惊不动天上人了。

（三）

唐伯虎能惊动的，只是他的内人。

待他身心疲惫地从京城辗转回到家里，却发现他已有家难归，有亲难认。

原来，妻子知道丈夫唐伯虎被剥夺了考试权利，丈夫已没有了发家致富的阶梯，日子过得也没有盼头啦，已经悄悄走了人。

夫妻本是同林鸟，大难临头各自飞。也许，唐伯虎的妻子认为贫贱才是最大的难吧。

一穷二白的唐伯虎心灰意冷，他站在家徒四壁的屋中

裸奔始祖唐伯虎
画臻三昧梦六如

央，才发现他已穷得只剩下才华了。

我们把什么程序都不装的电脑称为裸机，不知道此时的唐伯虎称不称得上是裸人呢？

蝼蚁尚且偷生，穷人也要吃饭。

唐伯虎不得不为最基本的生计考虑。万般无奈之下他决定，用自己仅剩的举世才华去换几贯铜钱。

曾经的解元第一名唐伯虎沦落到大街上摆地摊卖画了。

前途可以暗淡，墨画可以贱卖，唐伯虎的名气却不能打折。

大丈夫行事如山岗，誉也端庄，毁也端庄。唐伯虎为自己雕刻了印章，端端庄庄上书"江南第一风流才子"。

江南第一风流才子，这是他唯一的身家了。

而且绝不是虚得的浪名。

唐伯虎在绘画中独树一帜，自成一路。他行笔秀润缜密，具潇洒清逸的韵度。他的山水画大多表现雄伟险峻的重山复岭，楼阁溪桥。也有描写亭榭园林，文人逸士优闲的生活。大幅气势磅礴，小幅清隽潇洒，题材面貌丰富多样。

卖这些雅画的生意，有时灿烂得似东边的日出，有时冷清得像西边的阴雨。

如同原子弹干不过茶叶蛋，雅最终得向俗世让步。

冷清的日子里，失去了妻子的唐伯虎愈发地孤枕难眠了。他开始考虑创收，生活要向命运弯腰，理想要向现实低头，到妓院卖画成了他的生存之道。

唐伯虎开始流连窑场，以妓女们和嫖客们做免费人体艺术模特，为新婚夫妇们画洞房指南，名曰春宫图。

古往今来，春宫图这种黄色小画书，就像限制级影片一样，在地下市场里野火烧不尽、春风吹又生。

唉，真是委屈了江南第一风流才子唐伯虎啊，他是投胎在了谈性色变的封建社会。若是搁西方的艺术开放之都，他就是新一代的达芬奇啊。

脱与不脱，在艺术上没有界线。

如今，裸体模特已俨然是为艺术献身的先驱者了。

而悲催的明朝屌丝唐伯虎，却为了生活，将艺术献身给了裸体模特。

（四）

如今，不管是唐伯虎的雅画还是俗画，都被收藏在各国的博物馆里，价值连城。

雅俗共赏了，这是。

可惜，在明朝的时候，这些画还连不了城。唐伯虎只用卖画的钱，在郊区连起了几间破茅草屋。

不，在唐伯虎眼里，那不是些茅草屋，是仙人居。

有些人视金钱为粪土，江南第一才子唐伯虎可是把茅草看成了金子。

唐伯虎为他的仙人居取了个雅名，叫桃花庵，而自己显然就是住在桃花阉里的桃花仙了。唐伯虎还借酒兴做了《桃花赋》一首：

> 桃花坞里桃花庵，桃花庵下桃花仙。
>
> 桃花仙人种桃树，又摘桃花换酒钱。
>
> 酒醒只在花前坐，酒醉还来花下眠。
>
> 半醉半醒日复日，花落花开年复年。
>
> 但愿老死花酒间，不愿鞠躬车马前。
>
> 车尘马足显者事，酒盏花枝隐士缘。
>
> 若将显者比隐士，一在平地一在天。
>
> 若将花酒比车马，彼何碌碌我何闲。
>
> 别人笑我太疯癫，我笑他人看不穿。
>
> 不见五陵豪杰墓，无花无酒锄作田。

在这首诗里，唐伯虎俨然成了一位看淡世事的隐士。

唐伯虎住在所谓的桃花庵里，每天画着画，卖些花，喝点酒，吟首诗，自在得像个神仙。

曾经考场失利与家庭巨变的伤痕，似乎已经随着时间的流逝离唐伯虎远去了。

千万别指责唐白虎这是小富即安，不思进取。

每天能与自己的爱好为伴，这种清贫的日子也没有什么不好。日子虽然简陋，却如铺在桌上的白纸一样干净。

干么非得进取啊。思想上的干净就是最大的进取。

唐伯虎用手中的画笔，调和出各种各样的颜色，在纸上随心所欲地画着世间深深浅浅的色彩。

在画上，唐伯虎用得最多的颜色是灰色。

灰色，一样能成就出不朽的名画。

（五）

唐伯虎还远远地没尝够生活赋予他的黑色幽默。

后来的事实证明，唐伯虎将自己比作桃花仙，那是吃不到葡萄说葡萄酸。

早些年，唐伯虎因为考试占徐经的小便宜，被牵连着

裸奔始祖唐伯虎
画臻三昧梦六如

摔了个大跟头至今爬不起来，为了不在世人面前丢脸，自然要自我解嘲一番了。

眼下又有了个极好的翻身机会，唐伯虎立马屁巅屁巅地跟上去了。

人，到底是经不住诱惑的。能经住诱惑，说明你是个好人，经不住诱惑，说明你曾经是个好人。

曾经是个好人的唐伯虎，因为没经住南昌宁王朱宸濠向他伸来的橄榄枝，差一点成为记入史册的一个坏人。

宁王朱宸濠慕名聘唐伯虎去担任幕僚文书之职。

落魄的街头画家唐伯虎，三餐不济之时陡然接到了宁王这样盛情的邀请，简直是受宠若惊。

唐伯虎立马像杜甫诗里说的，那真是漫卷诗书喜欲狂啊。他卷起了铺盖，抛弃了桃花庵，直接奔赴宁王处，准备为知己者抛头颅洒热血了。

宁王对唐伯虎的到来非常客气，大有将唐伯虎当左膀右臂之势。宁王知道，唐伯虎虽然只是个穷画家，但是人家的名气可是相当的富裕啊。

拉拢唐伯虎，是做了一个活广告呢。

事实并不是宁王慕才那么简单。

唐伯虎不愧是玩艺术的，他在宁王府呆了一段时间后，以一个艺术家独有的敏锐眼光，发现一个惊天的黑幕——宁王遍地广罗人才，是为了这些人协助自己造反。

唐伯虎胆颤心惊了，原来为宁王做事，搞不好真的会抛头颅洒热血的。宁王只是个伪知己者，唐伯虎又怎肯为他而死呢？

唐伯虎的胆子小，厚黑学琢磨得也不够彻底，断然不敢做出造反这种事。

造反，这可是杀头的死罪啊。

唐伯虎一想到他可能会被杀头，就悔不该放弃当初他在江南的日子。

那时候，他画出些春宫图儿，就拿去给相好的妓女瞧瞧，那些妓女们就掩嘴笑得乐不可支。

乐不可支之余，还会给他尝一点小小的甜头。

唐伯虎想念她们的笑。笑之余的那种密不可宣的甜头。想念他的桃花阉。想念那个卖画的小摊儿。

宁王府中虽然富丽堂皇，却隐藏着那么多不可告人的肮脏念头。

唐伯虎终于明白，原来他只是个追求简单的人。家徒四壁有什么要紧，关键是日子要过得清晰见底。

想明白了这点，宁王府的高档美酒也喝得索然无味了。

裸奔始祖唐伯虎 画臻三昧梦六如

唐伯虎迫切地想要脚底抹油，溜掉。

溜，却没有那么容易的。用一句在宫廷戏中演烂了的台词——他，知道得太多了。

难保宁王不动杀机。

唐伯虎日夜都在琢磨怎样逃脱的伎俩，寝食难安啊。

渐渐地，宁王发现唐伯虎疯了。

唐伯虎当众撒尿，污言秽语，并且开始拨散着头发到大街上裸奔狂呼。唐伯虎的裸奔可比亚当和夏娃更要彻底，他连三叶草都不屑戴的，更别提阿迪达斯的运动鞋了。

多单纯的裸奔，鄙视一下那些借裸奔敛财的人，人家唐伯虎那才是行为艺术，不含任何商业行为的。

唐伯虎完全是在给宁王做负面广告，瞧宁王重金聘回来的人，原来是个又痴又傻的疯子。

所谓的江南第一风流才子，原来不过尔尔，纯粹是下流无耻吗。宁王失望之余，将风流又下流玩裸奔的唐伯虎轰了出去。

（六）

宁王的这一轰，将唐伯虎推离了鬼门关。

唐伯虎处心积虑的裸奔，虽然没为他带来经济效益，却为他保住了性命。

留得青山在不愁没柴烧，生命的延续与名声的下滑相比较，哪个更有价值？

最终，宁王发动了造反，然而，战局却是惨不目睹。宁王带着大部队前前后后只造反了四十三天，连京城的大门也没摸到。

而唐伯虎，这次终于没因他人平白无故受牵连。总算是吃一堑长一智了。

大难不死的唐伯虎回到了桃花庵。有着九死一生恍如隔世之感。

经过这次为逃命而不得已的裸奔，唐伯虎的心终于放弃了对名与利的羁绊。

有些人脱尽衣服，是为了身体的欲望。而唐伯虎脱尽了衣服，却是摒弃了人性里的杂念。

唐伯虎开始真正地像一个桃花仙人了。

他不再在意自己物质上的穷困了。他不想画画的时候，便大大方方地穿上乞丐的衣服，跑到妓院门前向女人们讨要赏钱，然后用铜钱换酒喝，喝他个天昏地暗日月无光自由自在。

唐伯虎眯着眼睛喝着小酒晒着太阳，当真地觉得别人笑我太疯癫，我笑他人看不穿。

他到妓院里，看到女人们都望着他笑，这笑，是嘲笑呢？还是羡慕呢？我在别人眼里是什么样子？别人在我眼里又是什么样子呢？

这些问题都太可笑了。

唐伯虎躺在桃花庵的破床上伸了个懒腰。只恨草堂春睡晚，窗外日迟迟啊。

他不断地画画、换钱、打酒、写诗、挥霍。

唐伯虎的诗集与作品随着他的玩世不恭越来越有名，以至于都到了供不应求的地步。

慕名求画与题字的人太多了，唐伯虎爱占小便宜的脾气又死性不改浮出水面。他让自己的朋友代自己画画，再落上自己的名字。

想必古龙先生找徒弟代写武侠小说，也是受了风流才子唐伯虎的启发吧。

连作者自己都不注意版权了啊。更别提古龙新、金庸著之流了。

只顾着风流快活的唐伯虎更不会注意版权了。人生在世，偶尔犯下懒又不是大错误。

局部不代表整体吗。

唐伯虎只是犯了下懒，却为后人留下了许多赝品。多少专家拿着放大镜来辩别哪副画才是唐伯虎的真迹。

不过，真亦是假，假亦是真，真真假假何必认真呢？

唐伯虎为自己新取了个别号，叫六如居士。

"六如"取自《金刚经》："一切有为法，如梦、幻、泡、影，如露亦如电，应作如是观。"

六如居士唐伯虎已看穿了。人的一生，不过就是光溜溜地来，赤条条地去。还不如尽情裸着本性，在世间潇潇洒洒走一遭。

（七）

唐伯虎曾经作有一篇《伯虎自赞》，深得佛法精髓。

其中写道："我问你是谁？你原来是我，我本不认你，你却要认我。噫。我少不得你，你却少得我。你我百年后，有你没了我。"

我曾对着这哲学一般深奥的语言琢磨了良久，终于发现了，神经兮兮的唐伯虎莫非是在与百年之后的唐伯虎对话？

裸奔始祖唐伯虎
画臻三昧梦六如

或者，这也是一番物质与精神的对话。

贫困潦倒的唐伯虎肉身彻底地消失了，百年之后，唐伯虎的精神伴随着他的画作被传为了永久的风流佳话。

在世人的眼里，唐伯虎坎坷了一生。在唐伯虎的眼中，他未必不是由着性子富足了一生。

唐伯虎百年之后，后人不忍心让这位江南第一风流才子生前孤单，死后也寂寞，为他量身打造了一段《唐伯虎点秋香》的三笑姻缘。

噫，当真是你我百年之后，有你没了我。

若让如今在屏幕上演绎的风流唐伯虎，与历史中真实的唐伯虎相逢，他们是会相拥而泣额手相庆，还是相逢漠然各奔西东。

千秋万岁名，寂寞身后事。

活着时一生寂寞没有享受过千秋名的唐伯虎，若回过眸来看到自己的身后事居然会如此地热闹喧嚣，难保他不会俯视着命运笑上三笑。

这三笑里，有苦，有涩，更有无奈。

明朝第一枝指生 不拘小节狂草成

【百科名片】祝允明（1460—1527），字希哲，号枝山，因右手有六指，自号"枝指生"，又署枝山老樵、枝指山人等。汉族，长洲（今江苏苏州）人。他家学渊源，能诗文，工书法，特别是其狂草颇受世人赞誉，流传有唐伯虎的画，祝枝山的字之说。并与唐寅、文徵明、徐祯卿齐名，被称为吴中四才子之一。

（一）

二十岁左右的年轻人不狂是没有志气的。这点我们可以从毛主席诗词《沁园春·长沙》里得到佐证：

恰同学少年，风华正茂，书生意气，挥斥方遒。指点江山，激扬文字，粪土当年万户侯。曾记否，到中流击水，浪遏飞舟。

眼下，祝枝山的胡子刚冒出青茬，正处在肆无忌惮的青春期。

跟他的死党唐伯虎相反，唐伯虎是人不风流枉少年，祝枝山则是，人不狂妄枉少年。

真是初生牛犊不怕虎啊。祝枝山这个初生牛犊不仅不怕虎，他背后甚至还有一个像虎一样飞扬跋扈的靠山外祖父呢。

祝枝山的外祖父就是那位能挤进明朝内阁的首辅——徐有贞。说起徐有贞的名字，有人可能会陌生，但是提起"意欲谋害"四个字，大家就都知道了。

"意欲"这个似是而非的罪名便是由祝枝山的外祖父徐有贞造出来的。那可是能够和秦桧的"莫须有"相提并论的。

徐有贞因为一句嚼舌根子的话，就被当祸害流传千古。没人会想到，那个从小就跟在外祖父徐有贞身后屁颠着的小外孙祝枝山，日后也会被后人所铭记。

庆幸的是，祝枝山并没有像徐有贞那样，成为人们口中的祸害遗臭万年。

这也可能是内外有别吧。让我为祝枝山额手相庆一下，要是徐有贞是祝枝山的祖父，那个一脉相传之下，祝枝山最终什么结局？不得而知。

生活之所以让人向往，变数太大应该是其中一个最直接的原因。

曾经，祝枝山也"意欲"成为一个在官场上翻云覆雨的弄潮儿的。只是，造物弄人，机遇这位大爷不愿意在祝枝山申请任官的红头文件上盖戳。

机遇和意愿往往擦肩而过。

大海的潮有汛，官场上的浪可是没准的。这不，权倾一时的首辅大人徐有贞晚年时终于马失前蹄，栽了。

被迫剥去官服的徐有贞洗新革面，开始躲在家乡游山玩水，顺便教外孙祝枝山写写画画，享受迟来的天伦之乐。

徐有贞让祝枝山临摹王羲之、王献之、还有怀素等人的书法。这些大书法家的名气都漫天大雪一样飞舞着呢。

祝枝山也狂，像漫天飞舞的大雪一样。

外祖父徐有贞虽然失势了，但瘦死的骆驼比马大，他的余威还是很能让祝枝山狐假虎威的。

外祖父的庇护让祝枝山张牙舞爪地狂到了近二十岁。

这话从哪儿说起呢？反正不是无稽之谈。

祝枝山的脑子不仅比别人转得快，就连写出来的字也比别人大几斗。

那些字写得像瞪圆的牛眼睛，如果能称下重量，估计能有好几斤。搁名家手笔，有个说法，叫厚重，或者大气磅薄。他是不是想用这些字砸开某扇门啊，私下里，估计很多人这样揣测的。

然而，字写得比别人大，并不代表机会就比别人多。

祝枝山在学校这么些年，眼巴巴地瞅着教自己的老师升职了，坐在一个教室的师兄中榜了，连师母喂养的母鸡都孵了几窝蛋了。身边熟识的人如凤凰一样展翅高飞了，而自己呢？仍灰头土脸地呆在教室的角落里知乎者也地摇头晃脑，且夫然则的济济无名。

同样的教室，同样的起点，同样在学习，命运怎么就不一样呢？自己也未必比别人笨多少啊。

飞黄腾达的师父和师兄让祝枝山的心里又羡慕又妒忌。瞧啊，他的师父和师兄，出门都是浩浩浩荡荡、前呼后拥，众人都像捧着月亮一般地对他们瞻前马后，吆五喝六的，这阵势，多气派啊。

祝枝山打心眼里向往着这种荣耀，这种风光。

可惜，目前祝枝山除了有一个荣耀不再风光不再的外祖父，还拥有什么呢？

外祖父也是落毛的凤凰啊，祝枝山拥有的是一地的鸡毛。

这么说，是不是太刻薄了？那就容我再挖空心思想一想，哦，对了。

祝枝山身上至少还有一样东西是与众不同的。

他的右手比常人多长了一个指头呢，他有六个手指。

这点与众不同倒让祝枝山树立了信心，这一定是上天的预言吧，祝枝山坚定他日后一定会独树一帜。

祝枝山特意为自己的六个指头取了个别号，叫枝指生。

（二）

二十岁的人狂，有个说法叫无知者无畏，三十岁的人犹狂，叫心理发育不成熟。

步入中年的祝枝山显然是有自知之明的，人过三十无少年，他没有理由再狂了。

祝枝山独树一帜的第六个指头并没有为他带来任何好

明朝第一枝指生
不拘小节狂草成

运。祝枝山反而屡考屡败，在他应该三十而立的年龄，仍然没有考到任何功名。

唉，按我说，难保不就是这第六个指头在横插一杠子嘛。

无官并不总是一身轻的，至少对祝枝山来说，反而是一种沉重的负担。

他的青胡茬已像割野韭菜般被刮掉了一层又一层，列为看官可否知道，这割掉的他的自信啊。让他引以为傲的外祖父徐有贞也入土为安了，如同他的理想。飞黄腾达的老师和师兄也早久经沙场锤炼成为合格的政客了，如同他的年龄。

太悲催了，这让祝枝山情何以堪啊。

无所事事的祝枝山开始借酒消愁，除了嗜酒之外，他还喜欢玩赌坊中的小骰子。

大明王朝时期其实有很多娱乐活动，但祝枝山偏就好上了赌博这口菜。

赌博这口菜可是比加了防腐剂的烂白菜还要危害健康哟。众所周知，它会让人们赌得一穷二白的。

小赌怡情，大赌伤身。这是老祖宗的警示。

太不人性化了，在这里应该这么温馨提示：未满十八岁的青少年和已过十八岁的成年人请勿模仿祝枝山。

此时，祝枝山可能是逃离了老婆大人的监护，他的眼睛正死死地盯着在桌子上骨碌碌滚动的骰子，他频繁地伸出有六个指头的右手，不断押下能够赌出自己胜算的筹码。

至少在赌桌上的这一刻，不务正业的祝枝山是全神贯注的。赌博让他忘却了生活中的苦涩，他的输赢就定格在小骰子们停止滚动的一瞬间。

赢了固然欢喜，输了也不气馁，只要你有继续下注的本钱，就有翻本的机会。

十赌九输，祝枝山在仕途上失意，赌桌上的运气自然也得意不到哪里去。不出意料之外，祝枝山囊中羞涩的本钱再次输光了。

祝枝山垂头丧气了一会儿，又再次振奋了精神，他像灰太狼那样为自己打气。赌场，我祝枝山还会再杀回来的。

胜不骄败不馁啊，这是。

不错，祝枝山赌桌上的本钱输光了，人生中的本钱还没输光呢。

他还可以再挣钱。他还要到赌桌上去翻本。

更重要的是，人生也要翻本。

世界上有三样东西别人夺不走，一是吃进胃里的食物，

二是藏在心中的梦想，三是学在手中的本事。

能让祝枝山翻本的就是他从小学在手里的本事，别忘了，他会写像牛眼睛一样大的书法呢。

外祖父徐有贞生前让祝枝山学习书法，无意中为祝枝山留下了一笔宝贵的财富。这个带有非物质文化的遗产比丰富的物质遗产更为可贵。

掌握了一门技术活才能挣钱嘛。

然而，祝枝山这阵子正感到失意又自卑呢，他连字都不敢写得太猖狂了。祝枝山小心翼翼地临摹着古人的字贴，写那种规矩又漂亮的小楷。

在这期间，他认识了与之臭味相投的朋友唐伯虎，唐伯虎是个靠卖画维生的，祝枝山是个卖字的。

真是物以类聚，人以群分啊。

落魄的文人唐伯虎的画，加上祝枝山的字在市面上一时交相辉映，无人匹敌。

无形中印证了数学中的一个公式——负负得正。

（三）

在朋友唐伯虎的面前，祝枝山表现得甚是和蔼。毕竟祝枝山比唐伯虎年长十岁，做为大哥要有大哥的样子嘛。

年轻时候的唐伯虎游手好闲爱贪玩，祝枝山就苦口婆心地规劝唐伯虎，年轻人啊，要懂得珍惜光阴。

于是，唐伯虎听从了祝大哥的劝告，开始苦读了。而祝枝山呢？转个身又溜到赌场上耍去了。

典型的说一套做一套。

光阴荏苒，祝枝山的口袋里依旧没有什么钱，因为，钱都被他在赌场输光了。

我听说过一则十万小时定律，只要在某个领域上坚持学习十万小时的人，就会成为这个领域的专家。不过，从祝枝山的赌运上看来，十万小时定律也并不总是绝对的哦。

经过这么多年大赌小赌乱赌苦赌，祝枝山的赌技让同道赌友惨不忍睹。然而令祝枝山的老婆欣慰的是，这赌棍的书法倒是小有盛名了。

祝枝山有一个习惯，赌输了回家，就拿手里的笔墨出气。愤怒既然可以出诗人，愤怒为什么就不能出书法家呢？

毕竟，祝枝山在这个行当也浸淫良久了，给别人写墓志铭也好，题些字画也罢，好歹得用心用意，一来二去的，

摸打滚爬了成前辈了。

祝枝山在练字时，日复一日地临摹着前古人的名贴，已颇具形似，拥有了二王的神韵了。

说起临摹书法，毛泽东同志也有一番独特的见解，他说，人有像貌、筋骨、精神，字也有像貌、筋骨、神韵。最初要照原样写，以后练多了，要仿其形，取其神。字和人一样，也有筋骨和灵魂。练字要有体，但不能受到一种体的限制，要兼学并蓄，广采博取，有自己的创新，自己的风格，才能引人入胜。

关于拥有自己的风格这一说，还真是万物皆有规律。瞧瞧，哪怕美女们穿身衣裳，也会研究什么是欧美风、日韩风、民族风呢。

已上升到艺术层次的书法家们对于能创立自己独特的风格，更是在孜孜不倦地追求着。

有一则关于著名书法法王羲之的故事流传甚久，据说一天晚上，王羲之练完字，上床睡觉的时候已经很晚了。王夫人侧着身子，睡得正熟。王羲之还在想着书法，就习惯性地拿手指在夫人的背上练字。王夫人往里面挪了挪，说了一句："你有你体，我有我体，干嘛往我身上写呢？"

"你有你体，我有我体。"祝枝山也期望跳出临摹的局限，形成自己在书法上的独特风格。

祝枝山练过古人们的狂草，比如说那位叫怀素的酒肉和尚。怀素可是个不折不扣的狂人。和尚怀素个子矮，写起字来是上窜下跳的，像只猴子。还有那个叫张旭的酒疯子，写到欢喜处连笔都扔了，用辫子蘸墨，画得龙飞凤舞。写得脸上都挂满了墨。

怀素与张旭这对活宝得喝够多少酒，才敢在众人面前放肆发癫啊？

也许懂书法的人们在看狂草字，而不懂书法的人们更爱看他们耍宝。

可祝枝山除了敢在赌场里面大叫着疯狂，他写字的姿势与古人们相比，要循规蹈矩多了。

（四）

祝枝山又在赌场上疯狂了。

他不能不抓狂呀，这次他又输光了，钱袋子空空如也，垂头丧气地地瘪在祝枝山的右手上。

输红了眼的赌徒可是什么事都做得出来，祝枝山青筋

直爆，他大力甩掉钱袋、扒开众人、腾出右手，"咚"地一声拍在赌桌上，赌桌上的骰子都吓得惊跳起来。

祝枝山咬牙切齿地说，我现在，拿我的指头跟你们赌。

幸好啊，祝枝山此刻还是有一丝理智的，起码没有拿老婆跟人家赌，不然就彻底没救了。

众人们的眼光移向祝枝山的右手，都哈哈大笑起来，敢情祝枝山是要拿右手的第六指赌啊？这根手指本来就是多余的嘛，去找医生做外科手术还得交钱呢。

无独有偶，我曾在网上看到过一则新闻，某工厂女工的第六指因工伤被机器误切了，工厂拒不赔偿，原因就是这第六指是多余的，不包含在工伤赔偿范围之类。

乱钻法律空子的人简直是无孔不入。

这名可怜的女工只好举着缠着绷带的第六指，对着媒体记者说，第六指也是我身体的一部分，我一定要为我的第六指讨回公道。

祝枝山此时也要为第六指讨回公道呢。人家祝枝山可是痛下决心，拿了自己身上最与众不同的第六指来做最后的一赌，居然还被别人瞧不上，这多伤自尊啊。

赌徒们七嘴八舌地嘲笑着，你这个第六个指头长得很有创意啊。典型的旁逸斜出啊。

祝枝山在众人言语的围攻中百口莫辩，急出了一身冷汗。

寡不敌众，祝枝山被人轰着出了赌场。

唉，他还真是堕落啊。

祝枝山一脸狼狈地逃窜在大街上，身边还缠了一圈人，大家都追着他。

这些人并不是向祝枝山求字画的，大家是向他讨赌债的。祝枝山因为赌博，早已欠下别人一屁股债了。这样的镜头我们一点也不陌生，港剧里都放烂了，没想到大明王朝也有这样的场面。祝枝山在人群中东躲西藏，他深刻明白了过街老鼠也是有悲伤的。

祝枝山在与众人的纠缠中，突然哈哈大笑起来了。

旁逸斜出，对了，他不仅是第六指旁逸斜出了，就连大脑神经一下子也旁逸斜出了。

祝枝山忽然想起了他少年时候的理想——他要像飞黄腾达的师父和师兄那样风光，在大街上被众星捧月，前呼后拥。

眼下，可不就正实现着么？

极致的风光和极致的落魄，都一样会被人众星捧月的啊。

历史上一般只记载两种人，一种是名垂千古的，一种是遗臭万年的。

欠钱的才是大爷。

风光和落魄虽然殊途，但到底也会同归。

那么成功与失败的界定又在哪里呢？

哪怕是明朝的首辅内阁徐有贞在官场上沉浮了一生，老到退休了，仍然是位慈祥的外祖父，过着祝枝山一直拥有的逍遥的生活啊。不也就是写下字，逛下街，发下牢骚么？

祝枝山一辈子也没当过官，但他也终于明白了无官一身轻的含义。

人有像貌、筋骨、精神，字也有像貌、筋骨、神韵，活着也要有自己独特的风格。

不管是做人还是写字，都要跳出临摹别人的初级阶段。祝枝山终于理解了怀素和张旭写的狂草气韵来自哪里，那是来自无拘无束的内心。祝枝山终于找到了王羲之听到"你有你体，我有我体"时醍醐灌体的感觉，那是一种独树一帜的洒脱。

大约，总是要在长久阴翳的乌云中，才能让人格外珍惜拨云见日的阳光。

在年过半百的时候，祝枝山又开始发狂了。

难道是老夫聊发少年狂吗？

二十岁的年轻人不狂是没有志气，三十岁的中年人犹狂是没有头脑，那么五十岁的老年人发狂是为了什么呢？

我想，大约是知了天命吧。天命不可违啊。

（五）

祝枝山再提笔写字时，就不再局限于行楷了，他更热衷于旁逸斜出地在纸上泼墨挥毫一通狂草。火山一旦爆发，其瑰丽的岩浆和井喷时冲天的热浪是何等的壮观。

祝枝山井喷了。他用火一般的热情描绘自己曾经瑰丽的梦境，在字里行间。

渐渐地，人们都知道了，祝枝山的行楷写得好，狂草写得更好。

祝枝山写的已不再是字，而是生活，是发自心底的呐喊，叫嚣，以及彰显。

在祝枝山的狂草笔锋里，似乎有着烈酒穿肠时的酣畅淋漓，有着玩世不恭时的不拘不节，有着愤世嫉俗的愤懑情绪，有着骰子乱摇时的运动定律，有着半梦半醒时的呢

喃呓语，有着情绪波动时的变幻莫测。

那些字有了筋骨和灵魂，他们跳着独属于祝枝山的舞蹈。

祝枝山的狂草颇受世人赞誉。他与唐伯虎、文徵明、徐祯卿齐名，被称为吴中四才子之一。

试想一下，如果祝枝山像外祖父徐有贞一样当上了朝廷命官，我们是否还欣赏得到那些珍贵的书法呢?

塞翁失马，焉之祸福。

关于祸福的界定是在一念之间，那么关于人生是选择潦草还是狂草，大约也就是在一线之隔吧。

在这一线之隔中，我们可以放弃选择，但我们绝对不能选择放弃。